Contos do Cavaleiro das
Sete Chamas Sagradas

A Hermenêutica do Fim

José Antonio Soares
Ditado pelo Espírito Alexiar Decard-Ye
O Cavaleiro das Sete Chamas Sagradas

Contos do Cavaleiro das
Sete Chamas Sagradas
A Hermenêutica do Fim

MADRAS®

© 2017, Madras Editora Ltda.

Editor:
Wagner Veneziani Costa

Produção e Capa:
Equipe Técnica Madras

Revisão:
Ana Paula Luccisano
Arlete Genari

Dados Internacionais de Catalogação na Publicação (CIP)
(Câmara Brasileira do Livro, SP, Brasil)

Decard-Ye, Alexiar (Espírito).
Contos do Cavaleiro das Sete Chamas Sagradas,
A Hermenêutica do Fim / ditado pelo espírito Alexiar Decard-Ye, o cavaleiro das sete chamas sagradas
[psicografia de] José Antonio Soares da Silva. -- São Paulo : Madras, 2017.

ISBN: 978-85-370-1058-7

1. Espiritismo 2. Romance espírita I. Silva, José
Antônio Soares da. II. Título.

17-02833   CDD-133.9

Índices para catálogo sistemático:
1. Romance espírita : Espiritismo 133.9

É proibida a reprodução total ou parcial desta obra, de qualquer forma ou por qualquer meio eletrônico, mecânico, inclusive por meio de processos xerográficos, incluindo ainda o uso da internet, sem a permissão expressa da Madras Editora, na pessoa de seu editor (Lei nº 9.610, de 19/2/1998).

Todos os direitos desta edição reservados pela

MADRAS EDITORA LTDA.
Rua Paulo Gonçalves, 88 – Santana
CEP: 02403-020 – São Paulo/SP
Caixa Postal: 12183 – CEP: 02013-970
Tel.: (11) 2281-5555 – Fax: (11) 2959-3090
www.madras.com.br

Agradecimento

Dedico este texto à minha Família Espiritual, pelos Ensinamentos e Confiança neste Filho Rebelde.

Quero agradecer a todos Alunos e Tarefeiros do NEVE - Núcleo de Estudos e Valorização do Espírito pela dedicação e aprendizado.

Um agradecimento à Adriana Catelli, minha companheira nesta oportunidade, que me apoiou incondicionalmente na execução desta obra, e com paciência me ensina a ser "FELIZ".

Uma Dedicatória Especial à Mariana Diello, Espírito Singular que foi colocado em meu Caminho e me proporcionou a possibilidade de ser "PAI". Terei que encarnar Mil Vezes para justificar minha ausência, e um milhão para agradecer esta oportunidade, pois ela me proporcionou a possibilidade de exercer meu "AMOR".

Deixo um Beijo no Coração de Dona Salete, minha Mãe, que me ensinou a ser Forte como Um Guerreiro e Compreensivo como um "PAI".

Índice

A Hermenêutica do Fim. 9
O Último Concílio. 13
A Caminhada em Direção ao Abismo 25
O Julgamento. 33
A Profunda Queda 39
Dentro do Abismo..43
A Floresta do Retorno da Sabedoria. 49
A Doutrina Possui Asas. 61
O Início da Batalha 71
O Sintoma da Guerra 75
A Solidão da Caminhada 79
A Taberna 89
O Guardião da Noite 109
A Viagem Noturna 117
A Muralha 133
O Retorno 151
A Cura 155
A Hermenêutica 159

1

A Hermenêutica do Fim

Levanto a cabeça e abro meus olhos terminando minha prece. Procuro, com olhar atento, o padre que está iniciando a consagração do pão e do vinho para a Sagrada Eucaristia. Coloco novamente em meu pescoço o pesado crucifixo forjado em ouro e pedras preciosas, e começo a levar meus pensamentos aos Campos de Batalha, onde eu e meus guerreiros em Cristo defendemos a Igreja do avanço profano da Falange Maligna vinda do Oriente que tenta, a qualquer custo, dominar nosso território, dizimar a Santa Sé, implantar seus horríveis costumes e suas crenças profanas de Satanás:

– Eu os odeio com todas as minhas forças!

Procuro minha amada, postada ao meu lado esquerdo, com seu semblante angelical, seu véu de seda do Oriente, bordado com fios de ouro sobre sua cabeça, rezando com os olhos fechados. Daria toda minha fortuna por um segundo desta paz que emana de seu ser:

– Ó Criador, como a amo... a desejo diariamente com todas as minhas forças, agradeço-lhe a cada instante por tê-la colocado em minhas graças, por ela ter me dado este lindo casal de filhos. Meu varão, no próximo ano, me seguirá nas batalhas para reinar ao meu lado e defender comigo a Santa Igreja em Cristo.

Após a Sagrada Comunhão, ao término da missa dominical, peço pessoalmente ao padre para que abençoe minha tropa que está postada à porta principal da catedral. Com o semblante num misto de prazer e ódio, o santo padre se coloca ao término da escadaria da porta principal, esta que em seu cume se encontra a imagem de um anjo a soprar uma corneta simbolizando o nascimento do Nazareno, lugar este friamente escolhido por mim, pois sabia que minha tropa, temente a Deus, perceberia a divina imagem e acreditaria nisso como um prenúncio divino. O sagrado padre levanta seu cajado lapidado em ouro maciço com seu braço direito, espalma a mão esquerda a sua frente, e com toda sua sabedoria começa a discursar:

– Nobres Cavaleiros da Companhia Real em Cristo, guiados pelo Nobre General que aqui está com toda sua família a comungar dominicalmente como manda as escrituras, eu os abençoo com o poder que a Santa Sé me consagrou, com as graças de São Miguel Arcanjo, e desejo do fundo da minha alma o retorno de todos vocês às suas famílias! Defendam a Santa Igreja de Cristo com todas suas forças, e se por acaso seu retorno for abortado, saibam que São Pedro estará pessoalmente nos Sagrados Portais do Éden, onde seu lugar de descanso será beneficiado... Com certeza, o grande São Pedro os colocará muito perto de Nosso Senhor Jesus Cristo que, pessoalmente, irá acompanhá-los e fará com vocês sua primeira comunhão no paraíso, pois Nosso Senhor Jesus Cristo sabe que esta sagrada batalha possui o cunho espiritual de defesa da Santa Sé e, com certeza, dá as bênçãos do Criador! Amém!

–Amém... – em bravo coro, repetiram centenas de homens, fiéis seguidores a mim. Em seguida, uma cólera coletiva toma conta da tropa, na qual os homens começam a berrar como bestas ensandecidas e abraçam-se como irmãos, festejando, assim, a partida para a Sagrada Batalha e a tão sonhada vitória.

De passagem, o santo padre, com o mesmo olhar do início de sua bênção, passa por mim e diz sussurrando ao meu ouvido esquerdo:

– Não se esqueça de mim, General, traga a Virgem que me prometeu, e como sempre, empale aqueles desgraçados!

Retribuí com uma gargalhada demoníaca, impossível de ser contida pela minha satisfação de servir àquele santo homem, que cuidava de minha família em minha ausência e abençoava meus homens para nossa grande caminhada rumo à vitória.

Beijei meus filhos na face, prometi a eles a Sagrada Vitória e, com minha pequena menina ao colo, viro em direção a minha sagrada esposa, que como sempre, em minha partida, derrama lágrimas que teimam em rolar pelo seu lindo e iluminado rosto. Caminho em sua direção, e como uma criança ao ver seu pai voltar dos campos de trigo, ela pulou e agarrou fortemente meu pescoço, e compulsivamente a chorar, disse:

– Peço-lhe, meu nobre marido, não vá a esta batalha, um mau presságio sinto eu, meu nobre General. Sonhei esta noite com a Virgem, que profetizou seu fracasso nesta ensandecida batalha, pois ela menciou que está a matar nossos irmãos e que dessa forma seu fracasso será certo e sua ida desastrosa. Então, meu amado General, peço-lhes em nome de Jesus e pelos nossos filhos que fique somente desta vez, Meu Amado, lhe imploro...

E com o olhar fixo como os de uma águia, procuro as gemas azuis que iluminam seu escultural rosto, e com uma risada pálida, digo em alto e bom som:

– Não se preocupe, minha amada! Olhe estes bravos homens, que me defenderiam da mais terrível horda demoníaca. Como sempre, não vejo perigo algum, pois Nosso Senhor Jesus Cristo estará ao nosso lado, pois ele sabe que essa batalha é sagrada e fazemos tudo isso em seu sagrado nome. Brevemente, estarei em casa com os louros da vitória participando da nossa missa dominical e contando minhas aventuras aos nossos filhos. Não se preocupe, minha abençoada, só lhe peço sua lembrança em suas preces, pois isso me consolará no frio da noite na qual constantemente penso em seus braços.

Agora, com um simples sorriso de carinho, dou um passo para trás, desço minha pequena menina de meu colo e beijo-a levemente em sua testa. Olho novamente em seus olhos azuis e um frio percorre minhas costas até a base de meu pescoço, pois passou-me neste instante a possibilidade de esta ser a última vez que admiro minha amada.

Viro-me de fronte a minha tropa e com a voz embargada no espírito da batalha, professo:

– Amados irmãos em Cristo, conto com vocês mais uma vez nesta batalha que há por vir... elevemos nossas preces em Cristo, pedindo somente nossa certa vitória, e desejo que voltem fortes e saudáveis às suas mulheres! E aqueles que infelizmente não voltarem, peço-lhes que avisem a São Pedro que minha chegada ainda irá demorar!

E com uma grande risada, termino de dizer minhas palavras à tropa, que novamente começa a urrar como feras à caça de sua presa. Viro-me para dar a última olhada em minha querida e em meus filhos, e os vejo já caminhando em direção à porta da igreja, com as cabeças baixas sem olhar para trás. Sem sequer me acenar nesta partida, engulo seco e coloco meu elmo com uma crina de cavalo amarrada ao topo e seu visor em formato de um crucifixo, desembainho minha espada, elevando-a sobre minha cabeça. Meu lacaio já havia trazido meu alazão branco, subo em seu lombo e começo a guiar meus homens à saída de nossa cidade, que está em festa com seus moradores nas ruas, comemorando nossa partida com palavras de carinho e preces honrosas à nossa certa vitória. À frente, com minha espada em punho, sinto novamente aquele aperto em meu coração do momento que minha amada chorava implorando que ficasse junto a ela. Engoli seco, e segui bravamente rumo ao meu destino.

2

O Último Concílio

Já estamos há três dias de distância de nossa cidade, e a todo instante a cena de minha família entrando na Sagrada Catedral, morada de Nosso Senhor Jesus Cristo, vem à tona. Sinto aquele aperto em meu peito e uma insistente vontade de chorar toma meu coração. Novamente engulo seco e tento me concentrar em nossa dolorosa viagem, pois estamos há dois dias enfrentando uma intensa nevasca atípica de nossa montanhosa região nesta época do ano. Fortes ventos atingem minha face como pequenas lâminas e há a sensação de que pequenos cortes se fazem em meu rosto. Olho para meu lado esquerdo e observo meu pequenino lacaio que, montando uma negra égua que lhe dei de presente em seu último aniversário, procura manter-se dentro de uma grossa manta, com o intuito de vencer a baixa temperatura que nos cerca. Tomado de um estranho impulso, chamo o diminuto homem para uma pequena conversa, na tentativa de desviar sua atenção e auxiliá-lo a vencer as pequenas lâminas que tentavam retalhar nossa frágil pele:

– Lacaio, gostaria de beber um pouco de água? – disse-lhe, num tom alto e direto.

– Amado General, com todo respeito me dirijo ao senhor, colocando que todos nossos homens possuem este mesmo desejo, pois a água contida em nossos cantis congelou por causa das baixas temperaturas, e para contermos nossa sede, mastigamos os fragmentos de gelo retirado das árvores no caminho – pronunciou com a voz trêmula, num misto de medo e frio.

– Tem a notícia se perdemos alguns de nossos guerreiros? – perguntei-lhe com o mesmo tom de voz.

– Senhor, 21 homens de fundo de tropa não suportaram o frio e hoje, pela manhã, estavam mortos... sete outros homens estão sendo atendidos pelos nossos obreiros, com forte dores nas costas e com arroxeamento no nariz, nas orelhas e nas pontas dos dedos. Desse grupo, três são oficias, um de artilharia e dois da linha de batalha.

– O restante da tropa como está? – aumentei meu tom de voz por causa da minha indignação.

– Com medo, senhor... há comentários que fomos amaldiçoados nesta batalha. Alguns dizem que nosso inimigo associou-se com o próprio Satanás, que está querendo nos enfraquecer para vencer-nos com facilidade – disse de cabeça baixa.

– Nossos suprimentos alimentares como estão? – novamente falo indignado.

– Os homens estão se alimentando das frutas secas que nossos carroções provisionaram, pois, neste caminho, somos os únicos seres vivos. Assim, não existe caça para nos provermos de carne vermelha... As árvores frutíferas, comuns por aqui, estão desfolhadas em razão do período do ano em que estamos... temo pelo pior, nobre General! – pronunciou com um ar de arrependimento.

Subitamente, fomos abortados pelo vigia do flanco norte, que pálido e com a ponta de seu nariz escura, procurando fôlego sobre seu cavalo, falou gaguejando:

– Nobre General! – estava com a voz embargada de aflição.

– Pronuncie-se, nobre guerreiro! – falei, colocando-me de frente ao enviado.

– Trago más notícias! Neste instante, veio a falecer nosso estimado irmão guerreiro Rafael, seu Tenente-mor, encarregado da artilharia de fogo – disse ele afastando-se com medo de minha reação.

– Rafael, meu nobre guerreiro... o que houve? Responda-me rápido, lento enviado, senão sentirá minha fúria! – disse-lhe com a voz rouca e a espada em punho.

– Não sei dizer, irmão General, acredito que o senhor deva falar com Serafim, seu obreiro encarregado pelo pronto atendimento do moribundo – disse ele, com a voz trêmula de medo.

Olhei profundamente em seus olhos e percebi que esse enviado era um pobre menino, destes que a família envia contra sua vontade ao Exército de Cristo, como pagamento de dízimos atrasados, fato corriqueiro entre as famílias menos beneficiadas de nossa região. Logo, por impulso, guardei minha espada poupando a vida daquele pobre menino, que em outro momento a teria perdido pelo simples fato de ter me dado tão desagradável notícia. Virei-me com meu cavalo em direção à tropa e gritei para que todos ouvissem meu pronunciamento:

– Alto lá, nobres guerreiros! Faremos uma pausa para homenagearmos nosso irmão Rafael, nosso Tenente-mor da artilharia de fogo, com uma prece, desejando que Nosso Pai Criador venha abençoar sua alma e que São Pedro abra as portas do Éden e festeje sua passagem!

Imediatamente, centenas de homens silenciaram-se, postaram-se de joelhos e, cabisbaixos, começaram a rezar em voz baixa. Prontamente, virei-me ao meu lacaio e lhe ordenei que convocasse uma reunião imediatamente com nossa cúpula de comando, para discutirmos fatos que me desagradavam naquele momento.

Em disparada, rumei ao norte das tropas, onde estavam os oficiais obreiros e dois homens de ciências que sempre acompanhavam minha tropa. Ao chegar ao carroção, desci de meu cavalo ainda em movimento com um único salto, desembainhei minha espada e me projetei para dentro do local onde estava o corpo de Rafael. Postado ao lado do corpo estava Serafim, nosso obreiro responsável pelo pronto atendimento, e Mateus, o químico que nos acompanhava e que também acabara de chegar. Em voz alta, com a espada apontada para a garganta de Serafim, esbravejei, com os olhos fixos nos de Serafim:

– Serafim, irmão obreiro desta Companhia de Cristo, o que houve para que seus conhecimentos fossem insuficientes para que lamentável episódio acontecesse? Diga-me rápido ou teremos que rezar para que São Pedro novamente abra os portais do Éden!

– Nobre General, não sabemos o que houve... estávamos dando atendimento aos outros homens adoentados colocados nos sete carroções, enfileirados de forma padrão para os casos ocorridos, quando subitamente adentrou nosso aprendiz-químico, que aos prantos informou que nosso irmão Rafael estava sobre seu cavalo e simplesmente caiu para o lado esquerdo e não estava mais respirando... Quando cheguei ao local, nada mais poderia ser feito, pois Rafael já estava morto – disse Serafim com as mãos espalmadas para cima.

Continuei com a espada apontada para o pescoço de Serafim e virei minha cabeça para Mateus; somente com meu olhar, pedi sua opinião:

– Nobre General, fiquei sabendo agora de lamentável fato, estou examinando o corpo, mas aparentemente Rafael morreu de frio! – falou o Químico com a voz trêmula.

Olhei novamente para os olhos de Serafim e esbravejei:

– Serafim, é de conhecimento de todos que Rafael era meu cunhado, que ele era o irmão preferido de minha amada esposa e que terei de dar a ela a desagradável notícia que o seu amado irmão está morto! O que ela irá me dizer, pois confiou na minha promessa que com seu irmão nada aconteceria, e que pessoalmente iria observar sua trajetória e o protegeria de qualquer perigo? – apertei a lâmina de minha espada em seu pescoço.

– Conheço a gravidade dos fatos, e também do sua estima pelo seu querido cunhado, mas novamente digo que nada poderia ter sido feito – com a voz trêmula, confessou Sefarim.

Apertei meus dentes e, como de costume, em virtude de meu estado emocional, comecei a piscar meu olho direito e tremular também esse lado da face. Abaixei minha espada e peguei Serafim pelos cabelos, que segurando fortemente minhas mãos, começou a suplicar pela sua vida e tentar lembrar-me de que ele era casado e possuía sete filhos, e que sua esposa carregava o oitavo em seu ventre. Sem demonstrar nenhum tipo de sentimento, levei-o arrastado pelos cabelos à frente das tropas e, bravejando em alto e bom som, disse:

– Bravos Cavaleiros da Ordem de Cristo, vou falar-lhes somente uma vez! De agora em diante, cada um de vocês será responsável pela vida de seu irmão postado ao seu lado... Vocês deverão zelar uns pela vida dos outros, para que não haja mais nenhuma baixa de meus homens! Acreditem em mim, pois para cada morte natural de um guerreiro, outro guerreiro será sacrificado pelo erro de não ter zelado adequadamente pelo seu irmão! – levantando novamente minha espada e observando meus guerreiros boquiabertos com os fatos, desci minha mão e, em um só golpe, separei a cabeça de Serafim de seu corpo; levantando-a à frente, gritei novamente:

– Nosso irmão Serafim não zelou pelo nosso irmão Rafael. Logo, sentenciei-o à morte e o executei na frente de todos, para que esta imagem faça com que vocês lembrem de minha decisão. Fui claro, guerreiros?

– Sim, meu amado General! – todos responderam em um único coro.

Todos os homens se entreolharam, mas não emitiram nenhum som. Procurei meu lacaio que, posicionado a leste, fez um sinal com a cabeça para segui-lo, pois o Conselho de Oficiais de Cargo já estava reunido à minha espera.

Subi novamente em meu cavalo e, sem tirar os olhos de minha tropa, trotei lentamente rumo ao flanco leste, a fim de discutir com meus Oficiais de Comando os fatos aterrorizadores que colocavam em risco nossa caminhada rumo à vitória.

Chegando ao ponto de encontro tratado, vejo meu lacaio na entrada de uma tenda recém-erguida. Adentrei e nesta observei com severidade meus oficiais, postos no formato padrão de meia-lua de fronte a um trono de madeira, recoberto com peles de animais. Sentei-me e, sem emitir nenhum som, novamente desembainhei minha espada e segurei com a mão esquerda seu cabo, com sua lâmina apontada para baixo, fazendo com que ela parecesse mais um mastro de ajuda às pessoas necessitadas. Direcionei meu olhar aos quatro Oficiais de Comando, postos da esquerda para a direita; de pé e braços cruzados encontrava-se Bartolomeu, homem forte de traços rudes, encarregado pelos planos avançados de guerrilha, mestre dos maiores guerreiros avançados que já conheci. Seu nome era uma lenda, e eu tinha em meu peito orgulho de caminhar nos campos de batalha ao seu lado. À sua direita postava-se Bruno, jovem aparentando cerca de 20 anos. Mestre marceneiro, herdou esse ofício de seu pai, que morto em uma emboscada há um ano e meio passou seu desejo de que eu colocasse seu jovem filho neste comando, pois além de sua indiscutível qualidade de mestre marceneiro, essa profissão o colocaria em uma posição mais confortável, não o levando diretamente às linhas de frente de batalha. À sua direita, com as mãos postas para trás, encontrava-se João Ramalho, mestre ferreiro, responsável pela construção e manutenção de nosso armamento, desde as facas utilizadas nos carroções para destrinchar nosso alimento até a forja de nossas espadas, escudos e lanças. Era um homem calado de semblante desconfiado, mas de um físico avantajado, fruto de anos de ofício na arte de moldar o ferro e o aço. Por último, com a cabeça apontada ao solo, encontrava-se nosso jovem Reverendo. Responsável pelos apontamentos de fé colocados em nossa missão, efetuava nossa comunhão dominical e também aconselhava qualquer homem de nossa tropa que procurasse conforto espiritual. No fundo, meu pequeno lacaio postava-se ao lado da entrada da tenda, embrulhado num manto grosso, a fim de proteger-se do frio intenso que nos levava a chegar a este ponto. Procurei fixar meu olhar no centro desses homens e comecei a colocar meus questionamentos:

– Bravos mestres oficiais de nossa Sagrada Missão de proteger a Santa Sé, convoco-os com o intuito de tentar dividir a responsabilidade dos acontecimentos e também ouvir seus anseios, referentes às dificuldades passageiras que estamos passando. Você, mestre Bartolomeu, homem que emana um misto de confiança e fúria, treinador da maior falange de guerreiros avançados que pisou nesta Terra, o que observa nos fatos que ocorreram desde nossa saída até o momento que nos encontramos? – coloquei esses apontamentos num tom amistoso, porém, certo de que eu não deixava dúvida de minha liderança.

Bartolomeu fez o sinal de referência como é de costume, colocou-se um passo à frente e começou a expressar seus pensamentos:

– Nobre General desta augusta missão, humildemente venho direcionar meus apontamentos ao senhor e a todos estes irmãos que aqui se encontram... Nossa situação é delicada perante as tropas, nossos homens estão com frio, com fome e por causa das mortes que ocorreram, também estão com medo, meu senhor. Esses bravos guerreiros ordenados sempre nos deram os louros da vitória, jovens fervorosos e crentes em nossa missão. Mas não é difícil acreditar que nosso inimigo juntou-se ao próprio Satanás, pois há de concordar, meu senhor e meus irmãos, este mau tempo que nos assola é no mínimo estranho, pois nesta época do ano, era sabido que iríamos encontrar com um mau tempo aqui nos Montes, mas o que nos ocorre é muito pior que o previsto... – silenciou-se aguardando meu apontamento e olhou discretamente para os outros irmãos, que observavam suas colocações em absoluto silêncio.

Olhei atentamente a todos e direcionei meu desejo de escuta a Bruno, solicitando com um simples sinal de cabeça seus apontamentos perante a crise. Este, que prontamente se direcionou a mim e a todos com o sinal de costume, começou a verbalizar:

– Nobre General desta augusta missão, amados irmãos de Concílio, venho colocar-me à disposição de todos e relatar meus pensamentos sobre o que nos assola, pois concordo plenamente com nosso irmão mestre de batalha Bartolomeu. Estamos sendo assolados por uma maldição ou até um feitiço dos Demônios regentes do Tempo, meu senhor, pois esta nevada que estamos enfrentando não condiz com a época do ano que nos encontramos. Estávamos preparados para nos deparar com baixas temperaturas, mas não estas condições demoníacas, pois nossa água está congelando em nossos tonéis, queridos irmãos! Observem a ausência dos animais silvestres que nos servem de alimento sempre que partimos em batalha... – silenciou-se o jovem guerreiro aguardando meus apontamentos.

Olhei profundamente em seus olhos e observei o sentimento de pânico que assolava aquela criatura e, direcionando-me ao nosso estimado irmão ferreiro João Ramalho, o saudei como de costume e solicitei seus nobres apontamentos. De pronto, saudando a mim e a seus irmãos, postou-se como é de costume e esbravejou:

– Nobre General desta augusta missão, queridos irmãos de batalha, acredito que o medo seja algo incontrolável no coração do homem, e creio também que este sentimento tomou por completo nossa tropa e, pelo que observo aqui, também tomou o coração deste bravo conselho. Senhores, somos guerreiros por essência, não por opção. Nascemos para a batalha, respiramos com prazer a fumaça que emana dos campos sagrados de combate. Já nos deparamos no passar de todos estes anos com inúmeras crises de batalha, já enfrentamos pragas, doenças que massacraram nossas tropas, e lutamos com os mais horríveis e destemidos combatentes, em momento algum refugamos a batalha. Nobres irmãos, observem bem o que disseram, pois estão cegos pelo medo e pelas crenças de maldições apontadas a nós. Irmãos, iremos passar por essa crise como sempre passamos pelas outras, rumo ao campo de batalha, rumo aos louros da vitória, pois a missão que nos propusemos a executar é sagrada! Logo, nenhum mal profanado a nossa tropa será capaz de nos atingir! Irmãos, conversem com seus homens, deem-lhes conforto e confiança neste momento de crise. Tenho certeza de que daqui há alguns dias, quando estivermos no campo de batalha, iremos nos recordar desses momentos até com uma certa vergonha de nossos medrosos apontamentos! – silenciou-se de pronto e voltou ao seu local de origem, aguardando o pronunciamento de nosso Sagrado.

Olhei para João Ramalho e, neste instante, lembrei-me de minha amada esposa chorando e desejando do fundo de seu coração que desta missão eu elegesse outro líder e ficasse aos seus cuidados. Novamente, senti aquele aperto em meu peito, engoli em seco e solicitei o apontamento de nosso sacerdote:

– Amados irmãos! – colocou o jovem padre sem levantar a cabeça. – Não devemos esquecer que nossa missão é sagrada, não devemos colocar culpa no mau tempo, essa não deve ser a razão de não defendermos a Santa Sé. Vou me encarregar de executar no início da noite uma missa e uma comunhão, e colocarei em meu sermão palavras de conforto e fé perante a tropa... – continuando de cabeça baixa, silenciou-se.

Um silêncio fúnebre tomou conta do ambiente. Observando aqueles homens que há tantos anos conheço e confio, senti nesse instante uma desilusão avassaladora, pois esses nobres guerreiros na fé estavam confusos e profundamente amedrontados. Olhei atentamente cada semblante, de súbito percebi que no recinto meu lacaio escutava tudo sem pestanejar, e cabisbaixo sentiu que eu o observava. Logo, olhou para mim com seu semblante demonstrando uma tranquilidade que não condizia com o ambiente, nem com a situação que ali emanava. Olhei atentamente para ele, enquanto os outros irmãos começavam a conversar em voz baixa sobre o assunto ocorrido. Questionei meu lacaio de forma branda:

– Jovem lacaio, o que acha de nossa conversa?

O silêncio novamente tomou conta do ambiente, e todos olharam com um ar de questionamento sobre minha solicitação. E para meu espanto, o jovem lacaio deu um passo à frente e falou em alto e bom som:

– Meu senhor, pelos fatos e colocações que observei nesta tenda, acredito que o melhor que temos a fazer é dar meia-volta e levar nossos irmãos aos seus respectivos lares, pois se estamos com dificuldade de chegarmos ao suposto local de combate, nosso inimigo também está passando pelo mesmo problema... – silenciou-se e arrumou sua manta em seu diminuto corpo.

Olhei atentamente ao pequeno Ser posto a minha frente, juntamente com meus mestres oficiais, que se entreolhando centraram sua atenção em mim, com o intuito que eu colocasse uma palavra final neste interessante embate.

Levantei-me, coloquei minha espada dentro de sua bainha e comecei a gargalhar sobre o ocorrido. Após alguns segundos do início de meu surto, acalmei-me e coloquei um ponto final naquela cômica situação:

– Caríssimos mestres oficiais desta augusta missão, após observar o pronunciamento de todos, o único que se postou com sabedoria e coragem, o único nesta tenda que não teve medo de profanar suas ideias, não é um guerreiro, este é um simples lacaio! Ele foi o único que colocou seus anseios e fundamentou-os com fatos que por ora são de verdade absoluta, pois se estamos enfrentando essa crise nosso inimigo também está. Assim, pronuncio minha vontade. Irmãos, devemos levar nossa tropa o mais rápido possível ao Vale Aberto, colocado no final do desfiladeiro... Lá as montanhas nos beneficiarão, pois elas estão colocadas pela "Mão de Deus", como o muro de nosso castelo, deixando somente uma pequena passagem. Devemos chegar a esse lugar antes de nossos inimigos, postando-nos acima dessa passagem, efetuando uma emboscada. E assim que eles tentarem atravessar essa Edificação Divina, colocaremos um fim a mais esse oponente – sentei-me novamente e observando meu conselho, continuei:

– Portanto, ordeno desde já que seja dobrada a marcha! Nada será dito a nenhum homem até que eu o deseje. Mestre Bartolomeu, pegue seu melhor homem, dê-lhe o melhor cavalo da tropa e o envie na frente imediatamente, pois ele deverá rumar pelo oeste, contornando os montes e verificando a localização das tropas inimigas, devendo retornar até o próximo amanhecer, que acredito seja o instante ideal para nos colocarmos à espreita de nosso adversário. Tenho dito irmãos, fecho este Concílio, e peço-lhes imediatismo e confiança no aqui posto. Agora, mexam-se!

Num único coro, fazendo o sinal de costume, meus mestres oficiais respondem:

– Sim senhor, amado mestre General!

Movimentando-se como crianças que recebem alguma missão de seu pai, meus mestres puseram-se a caminho de suas obrigações. Observo o ocorrido e solicito ao meu lacaio que se aproxime de mim, pois queria questioná-lo. Postando-se na minha frente, o pequeno homem fez o referencial de costume e ajoelhou-se, aguardando minhas ordens. De forma branda, coloquei minha mão direita em seu ombro esquerdo e o questionei:

– Jovem lacaio, você que me serve há tantos anos, você que conhece meus mais profundos desejos e vontades, você que é cúmplice da maioria dos fatos que ocorreram em minha vida, meu jovem, como se chama?

– Meu nome é Pedro, meu querido General – disse ele, sem levantar a cabeça.

– Jovem lacaio Pedro, o que o fez pensar que devamos retornar a nossas famílias neste momento, já que devemos mais do que nunca defender a Santa Sé?

– Amado General, acredito que sua esposa tenha razão em seu pedido, pois somente as mulheres possuem tais presságios. Na situação em que nos encontramos, deveríamos tomar em consideração o que ela disse no momento de sua saída, General, pois conheço você e também conheço sua esposa. Ela, que nunca colocou empecilho nenhum em suas caminhadas na defesa da Santa Igreja... Somado esse pedido, que acredito que emanou do fundo de seu coração, aos problemas que estamos passando em relação ao clima, acho que o melhor a fazer é recuar enquanto há tempo... – profetizou o pequeno homem, sem levantar sequer sua cabeça.

Um sentimento de extremo medo passou ao longo de meu corpo, pois por um momento senti novamente o aperto em meu coração, e a sensação que percorreu minhas costas até a base de meu pescoço voltara a acontecer. Postando-me de forma agressiva, tomei a pequena criatura pelos ombros e, gritando, questionei sobre seu pronunciamento:

– Abusado lacaio Pedro, o que faz pensar que você pode ousar a falar sobre minha amada, e ainda mais, me questionar sobre meus assuntos familiares? Sei que você estava de ofício ao meu lado, quando minha querida se pronunciou... Sei que você escutou tudo que ela me disse, mas em momento algum lhe dei o direito de pronunciar-se sobre esse assunto, pequeno lacaio Pedro! Acredito que o frio tenha lhe tirado o juízo para você me questionar dessa forma, ou você é o mais corajoso dos homens que jamais conheci! Saia de perto de mim, insignificante ser, antes que eu ponha fim em sua ridícula existência!

Correndo apavorado, o jovem lacaio sai pela entrada da tenda, em momento algum olhou para trás para observar se iria ser atacado.

3

A Caminhada em Direção ao Abismo

Saio da tenda do Concílio, colocando meu elmo e conferindo minha espada. Procuro meu alazão, que estava prontamente me aguardando ao lado esquerdo da pequena e improvisada cabana. Assentando montaria, coloco-me em direção à tropa, onde meu mestre oficial Bartolomeu, que prontamente após o sinal de costume me colocou a par dos fatos, disse que seu melhor batedor já saíra em direção oeste, com o intuito de contornar nosso inimigo. Procurei no meio da multidão nosso mestre químico Mateus, para que me informasse sobre seu último relatório de baixas e impedimentos. Mateus me disse que por causa do fornecimento de um cálice a mais de vinho tinto a cada homem, e aos mais debilitados, uma porção extra de frutas secas e uma dose generosa de absinto, eles se fortaleceram, e mais nenhuma baixa foi apontada.

Levanto minha espada e, com a fúria de um animal faminto, bravejo aos meus homens:

– Nobres guerreiros da Santa Fé, estamos próximos do nosso inimigo! Conseguimos afastar a maldição que nos perseguia, e nenhum homem mais morreu... Deus está sempre olhando por nós! Somos seu exército sagrado! Olhem uns aos outros, observem a irmandade emanada pelo amor que sentem pelo seu próximo e pelo Nosso Senhor Jesus Cristo que, sentado ao lado direito de nosso Deus criador, guia essa missão com o intuito de salvar nossa Santa Igreja das mãos dos degenerados da fé, que profanam o nome de nosso Deus e tentam a todo custo propagar seus deuses pagãos em nossas terras sagradas! Lutem com a fé que Nosso Senhor Jesus plantou em seus corações, com certeza novamente seremos abençoados com as graças de uma grande vitória! Passo a palavra ao nosso mestre Bartolomeu, para suas considerações sobre a caminhada.

Com um barulho ensurdecedor dos brados de meu exército, mestre Bartolomeu, sobre sua montaria, levanta com o braço esquerdo sua espada. Com um empinar de seu cavalo, começa a pedir atenção de seus homens:

– Amados irmãos guerreiros da Santa Sé, observem o que nosso General disse! Caminharemos rumo ao grande desfiladeiro, com o intuito de alcançá-lo antes do amanhecer; tropas de cavalaria montada, formação padrão; formação de falange avançada aos arqueiros; guerreiros de primeiro e segundo movimentos, formação fechada paralela com a cavalaria; carros de batalha, formação paralela dupla; guerreiros de terceiro movimento, posição sobreposta aos carros de batalha; carros de artilharia de peso-fogo, dois com inversão de eixo posicionado de forma paralela à cavalaria, protegendo flanco norte e sul; dois com eixos-padrão posicionados atrás dos carros de batalha, apontados à frente, força média de tiro; guerreiros de quarto movimento, posição de última bateria, proteção aos carroções de ofício químico, sagrado e de provimento, extensão paralela máxima de 30 homens. Avante, nobres, rumo a nossa gloriosa vitória! – virou-se de costas para a tropa e colocou-se a marchar à frente do exército ao meu lado.

Segundos depois, começou-se a escutar o início da marcha de meu exército, o barulho inconfundível dos homens a pisar no solo coberto de neve. O relinchar dos cavalos que cercavam a tropa dava um ar de segurança, os pesados carros de batalha estalavam com seu próprio peso e a dificuldade de caminhar em solo instável era grande. A cada minuto que se passava, aquele som regia nossa caminhada, nenhum outro barulho se escutava naquele momento, minutos tornaram-se horas. Nenhuma baixa ocorreu entre meus homens, os cavalos regiam em nossa caminhada. Meus carros de batalha em momento algum apresentaram qualquer tipo de problema, os homens pisavam firmemente contra a neve, que tentava contê-los mas de forma insignificante, pois a motivação dos guerreiros tornava impossível tal tarefa. As horas passavam como um raio de luz, nenhum guerreiro veio a óbito, os cavalos continuavam com um ruído peculiar a guiar nossos passos.

Seis horas se passaram do início de nossa dobrada marcha e adentramos sobre o estreito que a natureza proporcionou. Observo Bartolomeu, que guiava seu cavalo de forma típica, levando-o da esquerda para a direita, correndo todos os flancos da tropa, motivando cada homem que apresentasse cansaço, promovendo a distribuição de vinho, frutas secas e absinto aos guerreiros, com o intuito de dar impulso a uma maior motivação à difícil caminhada.

Estreitamos nossa tropa para 15 homens em filas paralelas, para que passássemos mais rápido todo o percurso do estreito natural. Bartolomeu transmitiu ordem a dois batedores montados para que saíssem em disparada até o final do estreito para observar nossa condição, pois apesar de acreditarmos termos chegado ao estreito duas horas antes do inimigo, todo cuidado era pouco naquele momento, pois sabíamos que nesse acidente natural éramos presas fáceis a qualquer tipo de emboscada.

Bartolomeu voltou-se em direção aos homens e começou a estimulá-los a acelerar nossa marcha, com o intuito de terminarmos o quanto antes o desconfortável trajeto. Por um instante, voltei a pensar em minha amada, lembrei também o que meu lacaio Pedro disse sobre esta expedição, e novamente aquela sensação de aperto no peito voltou-me a ocorrer. Logo, voltei os meus pensamentos a Nosso Senhor Jesus Cristo, segurei com minha mão direita meu pesado crucifixo e comecei a orar... Naquele momento, escutei Bartolomeu chamar minha atenção:

– General, olhe adiante! Observe o cavalo que vem lá, parece um dos nossos!

Olhei adiante e observei a montaria que vinha lentamente em nossa direção. Procurei distinguir a imagem que estava em minha frente, com o intuito de saber qual homem estava voltando em direção à tropa, pois aquela velocidade não era o padrão de retorno, e todos nossos batedores jamais promoveriam seu regresso. Dentro desse desfiladeiro, todos esperariam nossos homens ao final dessa edificação, para posicionar a movimentação inimiga. Se houvesse toque emergencial nos avisando, a velocidade de retorno não seria a apresentada por aquele animal.

Bartolomeu novamente grita com os guerreiros para que aumentassem a velocidade, olha para mim com um ar de dúvida sobre o ocorrido. O estranho animal estava a cerca de 350 passos de nós, distância esta que tornava impossível a distinção da imagem que se apresentava. Escutávamos a cavalaria aumentar o passo, nossos guerreiros começaram a ficar ruidosos e a acelerar os carros de batalha, os carroções acompanharam o novo ritmo. Bartolomeu pôs-se em disparada na direção do animal, que naquele instante apresentava-se totalmente parado.

Segundos depois, Bartolomeu já estava em frente àquele guerreiro que supostamente era nosso, e com um empinar de seu cavalo, com a mão direita, tomou o arreio do animal próximo e o conduziu rapidamente ao meu encontro; ao olhar de perto aquela cena, senti realmente que Deus tinha nos abandonado. Bravamente, Bartolomeu esbravejou:

– Nobre General, este cavalo que trago, pela marca que carrega, é de nossa cavalaria! O corpo que tenta conduzi-lo é o do primeiro batedor que enviamos ontem à noite para observação de nosso inimigo; as duas cabeças que estão amarradas às mãos desse corpo, uma é dele mesmo, e a outra é de um dos batedores que enviamos há pouco...General, caímos numa grande armadilha, o que devemos fazer?

Olhando aquela terrível cena e observando nosso quadro, uma sensação de impotência tomou conta de meu ser. Respirei fundo e gritei com Bartolomeu e com todos os meus homens:

– Rápido, guerreiros da Santa Sé, Deus está do nosso lado, nada mais acontecerá! Acelerem ainda mais seu passo e saiamos desse abismo, o mais rápido possível!

Todos, escutando minhas ordens, aceleraram o passo. Bartolomeu novamente pegou o arreio do animal próximo e saiu em disparada à "boca" de saída do desfiladeiro; em cerca de dez minutos, todos os homens já haviam saído daquele terrível lugar. Só faltavam os carroções e todos os carros de batalha, que por causa de seus pesos, tornou-se impossível o aumento de velocidade. Naquele instante, fui o último homem a sair daquela edificação divina, e a imagem que veio aos meus olhos foi a pior que tive em toda minha vida. Observei nosso último batedor, que estava à cerca de 400 passos, no centro da clareira que desembocava o desfiladeiro; cercado por nosso inimigo e que, empalado, suplicava por ajuda.

Naquele momento, houve um inacreditável estrondo sobre a montanha, precipitando sobre o desfiladeiro uma fatal avalanche de rocha e neve que dizimou nossos carros de batalha e nossos carroções, fechando também o desfiladeiro. Era nossa única chance de retorno, pois estávamos cercados por uma tropa inimiga três vezes maior que meu exército. Ao fundo, observava-se nove carros de batalha, e os desgraçados já estavam em posição padrão inimiga de ataque. Coloquei-me à frente de meus homens e ao lado de Bartolomeu, gritei com todas as minhas forças:

– Desgraçados chacais que promoveram esta emboscada ao meu Sagrado Exército da Santa Sé, impossibilitando que executemos nossa missão de proteger a Santa Igreja, ajoelhem-se perante o poder de Deus e de Nosso Senhor Jesus Cristo, e que se aproxime seu líder, para sua digna e sagrada rendição!

Um silêncio mórbido tomou conta daquele desfiladeiro. Segundos depois, começamos a escutar o som de ensurdecedores tambores, que colocavam nossa cavalaria e nossos homens em pânico. Bartolomeu tentava manter a tropa no formato padrão de defesa, mas subitamente escutamos o som de uma corneta ao longe. Nesse instante, os carros de batalha inimigos começaram a atirar contra a parede de pedra a nossas costas, provocando nossos homens, que por instinto de defesa avançaram em direção ao inimigo. Bartolomeu, desesperado, tentava conter seus homens. O som dos tambores aumentava a cada segundo que passava, minha cavalaria relinchava desesperadamente, nossos homens continuavam a avançar em direção ao adversário, os tiros dos carros de batalha continuavam a acertar os paredões de pedra. Sentíamo-nos perdidos diante do barulho ensurdecedor dos projéteis que batiam na montanha misturado com o som dos tambores ao fundo. Bartolomeu não estava conseguindo mais conter seus homens, quando outro tiro explodiu perante aquela edificação divina. Os tambores continuavam ao fundo, e outro tiro rompe sobre nossas cabeças. Bartolomeu olhou de forma agressiva para mim e gritou para seus homens:

– Atacar, homens! Lutem com todas as suas forças, que com certeza mandaremos de volta ao inferno esta horda de demônios!

Outro tiro explode atrás de meus guerreiros, que naquele momento começam a correr de arma em punho em direção ao inimigo. Coloquei-me à frente de Bartolomeu, que se precipitou na ordem de ataque e tentei conter aquele insano ato:

– Bartolomeu, está louco? Perdeu o juízo? Não observa nossa real situação? Não temos nenhuma chance de vitória perante nosso inimigo! – outro tiro rompe sobre nossas cabeças, os tambores continuam a golpear nossos ouvidos e prejudicar nosso raciocínio.

– General, o senhor além de louco está covarde! Nossos homens não merecem morrer como animais de corte! Nossos guerreiros, se morrerem, morrerão lutando, para isto eles foram treinados, para isto viajamos até aqui. Sem dúvida que, se teremos de morrer neste local, morreremos combatendo, pois somente assim São Pedro abrirá os Portais do Paraíso e viveremos nossas eternidades a desfrutar das delicias do Éden...

Bartolomeu, neste instante, desviou do meu cavalo e rumou de espada em punho na direção do inimigo. Freei meu cavalo e comecei a observar o caos que embalava aquele lugar, pois a cada homem inimigo que meus guerreiros derrubavam, dez guerreiros da Santa Sé eram colocados fora do combate. Fomos massacrados rapidamente, e quando dei por mim, estava ao lado de Bartolomeu, meu último mestre oficial vivo. Vinte e um guerreiros do primeiro movimento, sete cavaleiros e sete arqueiros restavam vivos, do meu exército. Bartolomeu gritou, como um animal faminto:

– Formação padrão, círculo externo de cavalaria; arqueiros, formação quadricular interna! Guerreiros de primeiro movimento, protejam o General! Senhor, coloque-se no centro da formação. Todos preparados ao meu sinal!

De repente, de forma sinistra, os tambores inimigos cessaram, os carros de batalha pararam de atirar, tudo se colocou em silêncio. Nosso inimigo tomou padrão de ataque e posicionou-se a nossa frente, de maneira silenciosa. Um grito numa língua estranha projetou-se no ar, e bem a nossa frente três cavaleiros com armaduras apontavam liderança da tropa inimiga. Um grito aterrorizador ecoou no desfiladeiro:

– General que se diz enviado sagrado de Deus, você está cercado! Comece a orar às suas divindades, pois estes são os últimos instantes de sua insignificante vida! Renda-se e terá um julgamento digno. Teime em lutar e implorará pela sua morte, General! Chegou o momento de pagar por todos os seus atos insanos de guerra!

Naquele momento olhei Bartolomeu que novamente se colocou à minha frente:

– Arqueiros, 45 graus sudoeste, ao meu sinal!

Gritei prontamente à minha tropa:

– Parem, homens, somente ataquem sob meu comando!

Olhei novamente a liderança de meu inimigo que estava com uma bandeira em sua mão direita, e com um claro riso cínico iluminando sua face começou a tremulá-la. Sob este comando a tropa inimiga começou a marchar em nossa direção; nesse momento uma chuva que flechas precipitou-se do inimigo em nosso sentido, acertando a todos nós, colocando-nos fora de combate, mas infelizmente vivos. A partir daí começou realmente minha história de terror.

4

O Julgamento

No chão, atordoado pelos golpes de flechas que acertaram meu corpo, tento manter o raciocínio por causa da dor desmedida que sentia em meu braço esquerdo. Tentando levantar para me defender de outro suposto ataque, tento procurar meus guerreiros, mas infelizmente todos estavam ao solo sem expressar nenhum movimento. Procurei Bartolomeu, que antes do ataque dos arqueiros estava ao meu lado. Quando localizei seu corpo, observei sua inércia, pois uma flecha havia atravessado seu crânio através de seu olho esquerdo. Voltei-me ao inimigo que ainda estava posto à minha frente com a mesma formação de antes do ataque de flechas, tentei empunhar minha espada com a mão direita sem sucesso, pois em razão da dor que sentia e do cansaço em virtude da batalha, não possuía forças para tal manobra. Caí de joelhos e comecei a observar a caminhada do líder do exército inimigo que estava em minha frente, e com uma gargalhada infernal pôs-se a dizer:

– Este é o grande General que todos temiam, pobre homem, está de joelhos perante a mim para provar minha superioridade. Será julgado pelos seus crimes de guerra, ambicioso soldado, pois é pobre de espírito. Guerreou amparado por uma suposta guerra Santa, apoiado pela sua hipócrita Igreja, e com a desculpa da guerra, você e seus soldados sequestraram e estupraram nossas mulheres e crianças, escravizaram nossos idosos, dizimaram nossos homens... Em que Deus acredita, pobre General, este que prega o extermínio do ser humano?

Observei agora meu inimigo de perto, guerreiro forte, com as vestes brancas como a neve, grossos bigodes ornamentavam sua face. Em vez de um elmo em sua cabeça, posta-se um tecido branco enrolado de sua testa para cima, formando uma proteção que acreditei ser para o intenso frio. Com a mão direita, tentei acertá-lo com a minha espada e gritei para que todo seu exército ouvisse:

– Renda-se em nome de Deus, líder inimigo! Abaixe suas armas e volte ao inferno de que veio, pois estamos lutando em nome de Jesus Cristo, que está sentado à direita de nosso Deus todo-poderoso! Nosso amado Jesus nunca irá me desamparar, pois se lutamos em seu nome, nossa vitória é certa!

Uma histeria geral se escuta naquele momento emanada do exército inimigo; depois de um grito que saiu das entranhas do meu líder oponente, silenciou-se todo o exército como se tivesse sido dado um golpe mágico. Ele, desembainhando uma espada dourada com sua grossa lâmina levemente erguida para cima, profetizou com uma imensa raiva que projetava de seus olhos:

– É petulante, General! Sozinho, ferido e ainda teima em me agredir e profanar maldições a minha pessoa! É corajoso ou tolo demais para não observar sua real situação!

Caminhando em minha direção, um só golpe do cabo de sua espada em minha cabeça, perco totalmente meus sentidos.

Começo a retomar o sentimento perante meu corpo, logo após, sinto um intenso frio a percorrê-lo. Tento abrir os olhos, mas o vento dificulta minha visão. Tento respirar, mas o ar frio queima meus pulmões como brasa. Tento manter alguma linha de raciocínio, mas por causa da dor esta tarefa torna-se impossível. Começo a escutar vozes humanas em torno de minha pessoa, e novamente tento me concentrar para entender em que situação me encontrava, mas observei que a língua falada por elas era totalmente desconhecida para mim. Num instante, senti que o vento que cortava minha pele tinha cessado, mas o barulho do vento e a sensação térmica não. Achei estranho o fato e novamente tentei abrir os olhos, dessa vez com sucesso; quando observei minha real situação, senti novamente aquele estranho sentimento que me assombrou toda a viagem. Aquele que senti na partida de minha cidade natal, onde observei minha amada implorar pela minha não empreitada de guerra.

Observo com extrema dificuldade o lugar em que me encontrava, pois estava cercado por uma grossa lona, que mais parecia uma cabana aberta na frente. Acreditei na piedade de meu inimigo, pois o vento que me maltratava estava contido, mas olhei meu corpo que estava nu, amarrado num mastro colocado verticalmente no solo. Minhas mãos estavam amarradas umas às outras e esticadas para cima, e a corda que as unia estava presa no cume do mastro que apoiava meu corpo. Meus pés também estavam unidos e amarrados, mas estes estavam colocados envolvendo para trás o mastro que me sustentava, e então observei que em virtude da posição que se encontrava meu corpo, a respiração natural se tornava algo de um esforço sobrenatural. Olhei meu inimigo que estava na minha frente e lhe dirigi a palavra com as todas minhas forças:

– Qual seu nome, demoníaco guerreiro?

E com um cínico olhar, uma gargalhada explodia de sua pessoa. Com sua típica voz rouca, dirigiu-me suas palavras aterrorizantes:

– Pobre General, ainda teima em me afrontar! Se quer saber meu nome, este será o último som humano que sua pessoa escutará nesta sua miserável vida, pois agora dou início ao seu julgamento de guerra, de forma justa e menos ingrata que suas vítimas sentiram em suas intervenções de guerra, pois somos um povo justo e honrado, e caminhamos rumo às suas cidades com o único intuito de aquisição e conquista de novas terras! Nunca tentamos dizimar seu povo em nome de nosso Deus; é claro que nos territórios que conquistávamos, pregávamos nosso Deus e executávamos nossos cultos, como se estivéssemos em nossas terras, pois território conquistado é dito como nosso lar e dessa forma agregamos nossos costumes, mas nunca estupramos uma única mulher ou criança de seus povos, nunca matamos outra pessoa que não fosse um soldado em fronte de batalha! General, está nos últimos instantes de sua insignificante existência, quer proclamar algo?

Com um imenso esforço, tentei argumentar com o demônio que me observava, mas infelizmente meu corpo estava sem forças para que eu pudesse tentar emitir qualquer tipo de som. Observando minhas dificuldades, o líder inimigo começou a dizer minha sentença:

– Ridículo General, de posse de meu ofício condeno-o pelos seguintes crimes de guerra, que incidem sobre sua cabeça – começou a leitura de um pergaminho. – Matança generalizada do nosso povo com base em determinações de fé e missão divina; estupro de mulheres e crianças pelos seus soldados e pelo seu clero; usar o nome de Deus numa intervenção de guerra; escravizar velhos em nome de sua fé; torturar civis e militares com o intuito de conseguir um suposto indício de que somos seres que advêm de um hipotético inferno! Em virtude acusações aqui profanadas, tem algo a dizer em sua defesa, General?

Tentei observar de onde vinha aquela rouca voz, mas por causa da ausência de meu raciocínio, derrubei minha cabeça em direção ao meu peito.

– General, escute! – gritou meu inimigo. – Em razão dos crimes de guerra aqui expostos e de sua ausência de defesa, aqui o condeno ao vento eterno que irá condená-lo à morte! Soldado, retire as flechas que estão encravadas no corpo do General, depois abaixe a lona que protege seu corpo.

Prontamente, um soldado que estava no meio da multidão que me observava veio em minha direção com um instrumento que parecia uma tesoura, mas de grandes proporções. Perto de mim, ele utilizou a descrita ferramenta cortando as penas que se colocavam no final das três flechas que feriam meu corpo, uma em meu braço esquerdo perto do ombro, outra também do lado esquerdo perto de minha cintura, finalmente uma que estava alojada no centro de meu corpo. Após essa intervenção, o soldado sem expressar qualquer tipo de piedade empurrou as três flechas para que atravessassem meu corpo até caírem do outro lado. Nunca senti tanta dor como naquele momento, meus sentidos ora afloravam e instantaneamente lembrava de minha amada e dos meus filhos, ora os perdia levando meu raciocínio a um limbo inimaginável. Após essa intervenção, dois soldados inimigos retiraram a lona que me protegia do vento, comecei a olhar onde estava, e quando caí em minha realidade, meu corpo se encontrava nu, amarrado a um mastro na beira de um alto abismo. Aterrorizado, emiti um grito de terror que até meus inimigos se assustaram, observei novamente o líder inimigo à minha frente, este que caminhando em minha direção falou-me junto ao meu ouvido esquerdo:

– General, lembre pela sua eternidade que quem o condenou foi um cavaleiro vindo do Oriente de nome Al'Kamed... Recorde-se de todo o terror que sentiu neste últimos instantes de vida e, General, me aguarde em seu inferno, pois algum dia nós iremos nos encontrar no pós-vida.

Gargalhando, meu inimigo se afastou com seu exército, deixando-me a mercê de minha sorte. Observando tal cena, chorando, começo a entender o que havia me ocorrido.

5

A Profunda Queda

    Comecei a tentar escapar de meu calvário, intervenção esta inútil, pois em razão de meus ferimentos e das fortes cordas que me amarravam na beira do abismo, nenhum resultado consegui em minha empreitada. Tentando manter o raciocínio, procuro alguma alma viva que possa me auxiliar nessa situação, mas a única visão que observo era o abismo abaixo de mim, também o branco da neve que cobria toda a encosta e a vegetação no fundo do abismo.

    A cada momento que passava, era maior minha sensação de frio, pois as rajadas de ventos golpeavam meu corpo de forma insistente. Comecei a chorar lembrando de minha amada e de meus filhos. Logo após isso, um sentimento de raiva e ódio começou a dominar meu ser, pois não compreendia por que Deus havia me abandonado. Não entendia por que apesar de ter lutado e conquistado em seu nome, Deus nesse momento não me protegeu, e num último esforço comecei a profanar meus sentimentos:

    – Deus, por que me abandonou? Nosso Senhor Jesus Cristo, após anos em defesa de seu nome, este é o pagamento que mereço? Fui derrotado em uma vil emboscada, perdi todos os meus homens, fui torturado e agora me encontro nessa situação! Senhor, nunca mereci tal destino... estou a morrer longe de minha amada e de meus filhos... fui abandonado pelo Senhor... responda-me, Senhor, o que fiz para sucumbir dessa forma? Senhor, o adorei por toda a minha existência e neste momento, em que mais necessito do Senhor, a única resposta é o silêncio, além do barulho ensurdecedor do vento cortando minha pele... Jesus, ordeno-lhe a vinda das carruagens para minha ida ao Paraíso! Exijo que São Pedro esteja pessoalmente à minha espera, que imediatamente eu seja levado a sua presença, para que o Senhor em sua pura sabedoria me explique por que fui tratado dessa forma – neste momento uma forte rajada de vento sacudiu meu corpo no mastro em que me encontrava como uma bandeira. A dor em meu braço esquerdo estava tirando meus pensamentos, e novamente comecei a proferir meus reclames:

– Senhor, já compreendi, o Senhor está me fazendo sofrer como o Senhor sofreu! Veio à Terra para nos libertar e seu sofrimento o levou à vida eterna... Agora compreendo, o Senhor está me fazendo sofrer para demonstrar que me tornei um homem Santo. O Senhor irá me santificar no Paraíso, e com certeza sentarei a sua direita... Grato, meu Senhor, me perdoe, como pude ser injusto com sua sabedoria? Senhor, lhe agradeço, entendo agora seu silêncio e minha situação. Senhor... estou pronto para que me leve ao Paraíso...

Neste último esforço, desmaiei de fraqueza e frio. Alguns instantes após meu desmaio, retomo minhas forças, sinto meus pulsos e minhas pernas dormentes. O frio ainda é avassalador, tento abrir meus olhos, mas a única coisa que vejo é um escuro intenso. Acredito que já anoitecera, meu rosto está totalmente dormente, começo a sentir náuseas, novamente sucumbo à dor e desmaio sobre meus lamentos...

Instantes depois, começo a sentir a claridade novamente em meus olhos, tento abri-los e observo que já é dia, e que minha conjuntura somente agravava. O frio ainda era intenso, tento olhar a situação de meu braço esquerdo e assusto-me ao vê-lo, pois estava com o dobro do tamanho, completamente roxo, não o sentia mais, meu corpo começou a tremer totalmente, fortes convulsões me lançavam de um lado para o outro; preso pelos pulsos e pelos tornozelos, a cada movimento que meu corpo fazia, maior e mais insuportável era a dor que dominava meu ser.

Tentando manter meu juízo, começo a sentir em meus pés dores como se fossem de pequenos pregos que furavam minha carne, quando observo na extremidade de meu corpo uma visão de horror que toma conta de meu ser: centenas de ratos estavam me devorando vivo. Tento novamente escapar dessa situação, mas em vão, pois nunca conseguiria arrebentar as amarras que me prendiam ao mastro de meu calvário. Os ratos continuavam a mastigar meu corpo e agora subiam pelo mastro e tentavam devorar minhas mãos também... morte horrível me esperava, mas meu conforto era certo, porque Nosso Senhor estava nos Portas do Éden à minha espera.

Comecei a observar mais atentamente aqueles seres demoníacos, e reparei que de seus olhos lançavam-se pequenas labaredas de fogo. Nesse instante percebi que o vento cessara, e que aqueles seres do demônio agora tentavam roer as cordas que me prendiam. Ensurdecedores trovões tomavam minha atenção, meu corpo foi tomado por um breu indescritível, minha visão não conseguia mais observar nada, comecei a sentir frio novamente; nesse momento as cordas que prendiam minhas mãos se romperam, e meu corpo ficou pendurado pelos pés. O vento ficava mais forte a cada instante, bem como os estrondos dos trovões que me cercavam; em seguida, as cordas que prendiam meus pés se romperam, e meu corpo se precipitou ao abismo... Sentia o vento cortar meu corpo e a sensação da queda tornava aquele momento o pior de minha vida... Continuava a ouvir os trovões e a queda que meu corpo precipitava parecia ser sem fim, meu sentimento era que fazia alguns minutos que meu corpo estava em queda livre, a sensação de medo era insuportável. Gritos brotavam do fundo de minha alma e ecoavam no abismo durante minha caída, agora relâmpagos iluminavam meu caminho vertical e trovões eram a sinfonia que regia minha queda; num único golpe senti meu corpo se chocar no solo... a dor era insuportável...

Tentei observar onde estava, mas era difícil minha visão, pois a única luz que iluminava o fundo daquele abismo eram os relâmpagos precipitados naquele lugar. Não conseguia movimentar meu corpo por causa da dor da queda, nem entender como até aquele momento minha morte ainda não tinha me abençoado, meu rosto estava afundado pela metade em algum tipo de lama fétida, e com os relâmpagos, comecei a observar alguns pequenos movimentos em minha frente, algumas pequenas sombras corriam de um lado para o outro na frente de meu rosto. No escuro, minha visão começou a distinguir pequenas chamas à minha frente, e com os clarões dos relâmpagos, observei que aquelas sombras eram milhares de ratos à minha volta... Comecei a gritar de terror, mas as pequenas feras se movimentavam de forma desordenada; naquele momento escutei uma gargalhada aterrorizante, uma voz rouca ecoou no fundo daquele abismo profanando a seguinte sentença:

– Pequenos escravos, ele chegou! Podem alimentar-se de seu corpo até meu próximo pronunciamento!

Numa gargalhada ensurdecedora, aqueles pequenos demônios vieram em minha direção e começaram a se alimentar das extremidades de meu corpo. Novamente desmaiei com um grito de terror...

# 6

Dentro do Abismo

Acordo após alguns instantes e tento observar minha situação, novamente observo aqueles servos de Satanás se alimentarem de meu corpo. Grito de modo insistente em razão da dor e do terror que estou sentindo, e outra vez ouço aquela voz rouca romper aquela cena horrível:
— Parem, pequenos escravos, sua missão já está completa! Deixem este animal profanador da Lei novamente à mercê de seu destino, pois sem as extremidades de seu corpo ele mais parece um verme do que um ser humano... O que restou de seu corpo será agora alimento desse pântano fétido. Os seres desse pântano terminarão o trabalho iniciado por vocês. Afastem-se, pois temos outros vermes para servir de alimento a vocês...

Com uma gargalhada infernal, os ratos se afastam e um silêncio imenso toma conta daquela cena infernal. Meu corpo está desprovido de pernas e braços, pois aqueles pequenos demônios se alimentaram de meu ser... Estou deitado de bruços com o rosto atolado em uma lama fétida, tento levantar minha cabeça para respirar, mas esse esforço se torna descomunal sem o auxílio de meus braços. Começo a escutar o barulho de asas a passar por cima de meu corpo, os trovões e relâmpagos voltam a sonorizar aquele fundo de abismo onde meu corpo se encontrava; tento pedir socorro àqueles seres que passam sobre minha cabeça. Logo, alguns destes começam a me rodear voando sobre meu corpo, gritos agudos cortam o silêncio juntamente com os trovões e relâmpagos; após alguns minutos, começo a escutar passos sobre o charco em que me encontrava... Passos pesados e barulhentos, em seguida, sinto um ser perto de mim que, me observando, profanou:

– Mestre da Lei Maior, Senhor da Espada de Fogo da Justiça Divina, encontrei o "verme" que o Senhor solicitou, o que faço com este "porco"?

Com uma voz forte e oponente, ouço outro ser esbravejar daquele profundo abismo:

– Pequenino ser, em momento algum solicitei que você profanasse o que sente por esta pobre criatura... Sabe que este é alguém que há muito tempo espero, seu julgamento será efetuado pela Lei, na forma da Lei, e não cabe a você iniciar esse julgamento. Assim, leve o moribundo para o local designado!

– Sim, Mestre da Lei Maior, Senhor da Espada de Fogo da Justiça Divina!

Senti aquele ser pegar meu corpo pela cabeça e jogá-lo sobre seus ombros. Observei que a pessoa que me carregava era um pequeno anão, de estatura bem baixa, mas com uma força descomunal. Seus braços eram rígidos e peludos, suas pernas eram arcadas para fora nos joelhos e seu corpo tinha a mesma estrutura de um homem normal; sua cabeça era grande de modo desproporcional ao seu corpo e também era desprovida de cabelos; suas orelhas eram pontudas, mas por causa de minha posição não consegui observar sua face. Em seguida, tento questioná-lo:

– Pequeno ser, onde me encontro, ordeno-lhe que me informe e obedeça-me! Pequeno ser, pare! Eu lhe ordeno!

De repente, o pequeno ser para de caminhar naquele fétido pântano, joga violentamente meu corpo naquele charco e segurando-me pelos cabelos me diz:

– Seu "porco", o que você pensa que é para impôr ordens a um servo do mestre? Se dirigir suas palavras a mim de novo, independentemente da pena que o Mestre da Lei Maior me profanar, juro por este pântano que nos encontramos que levo seu pequeno corpo novamente até àqueles ratos que se alimentaram de suas pernas e braços!

Entro em choque a observar aquela face que dirigia a palavra a mim, pois seu crânio, além de maior que o normal, tinha apenas um grande olho que ornamentava sua testa; seus dentes precipitavam-se para fora de sua boca; um hálito de um animal morto apodrecendo saía de sua boca, e num impulso de terror coloco meu pensamento:

– Pequeno ser, sou o General da Grande Armada da Santa Sé! Sou o grande General que espalhou pelos quatro cantos do mundo a palavra sagrada do Nosso Senhor Jesus Cristo! Exijo respeito ao dirigir suas palavras a mim! Pequeno ser, novamente lhe pergunto, onde estou e o que está acontecendo, pois esta realidade não condiz com nada que acredito ou já vi pelo mundo que andei...

Numa gargalhada, sem soltar meus cabelos, o pequeno anão me dirige a palavra novamente:

– Silêncio, "porco"! – e com um forte golpe em meu rosto desferido por aquele ser que me segurava pelos cabelos, novamente desmaio.

Acordo após alguns instantes por uma chuva forte e fria, e observo que ainda estou sendo carregado pelo pequeno ser. Vejo também que já não estamos mais num pântano escuro, estamos à beira de um mar à noite; os fortes passos do pequenino anão eram incansáveis, os relâmpagos e os trovões ainda se precipitavam, e começo a observar o que acontecia ao meu redor.

Uma luz clara vinha do horizonte ao fundo daquele mar, a qual o iluminava fazendo-o parecer ter uma cor avermelhada. Seres humanos colocavam-se de joelhos de fronte àquele oceano, pareciam rezar, abaixar e levantar seus corpos; observo de mais perto e vejo que aqueles seres não possuíam olhos, suas bocas profanavam uma língua que eu não compreendia, e ficavam se guiando somente pela sensibilidade da luz que vinha do horizonte.

Observo também que centenas de seres humanos se encontravam enterrados naquela escura areia, alguns somente com o rosto para fora dela, outros com metade de seus corpos submersos, e outros ainda presos somente pelos pés. Notei também que todos em comum não possuíam olhos e ficavam profanando palavras desconhecidas e desconexas, procurando, pelas suas sensibilidades, a luz que vinha daquele mar.

Onde a areia terminava, encontrava-se uma estranha selva de árvores totalmente secas. Adentramos naquela estranha vegetação e observei que aquelas árvores secas pareciam ter um semblante quase humano, e nas curvas da madeira de seus troncos desenhava-se um rosto de sofrimento, seus galhos pareciam mais com braços apontados aos céus pedindo socorro. Nesse instante, observo o céu que se encontrava anoitecido, sem nenhuma nuvem nem estrelas, uma cor de azul forte e escuro, com uma claridade que periodicamente iluminava aquele lugar seguida de um trovão ensurdecedor.

O pequeno ser, que me carregava para diante de uma árvore de tamanho descomunal e também seca, joga violentamente meu corpo ao chão e bate com sua mão esquerda naquele tronco por três vezes, dirigindo sua palavra àquela estranha árvore:

– Mestre desta floresta do Retorno da Sabedoria, em nome do Mestre da Lei Maior, portador da Espada de Fogo da Justiça Divina, humildemente solicito sua permissão para levar este disforme ser à presença de meu mestre.

E com um estrondo enorme, vindo do fundo daquela floresta, chega aos meus ouvidos... um galopar começa a soar da mesma direção e, de repente, um enorme ser chega a nossa frente... Seu tamanho era incrível, deveria ter o comprimento de um homem e meio, sua cabeça era de um felino negro, seu corpo humano era forte como jamais tinha visto. Aquele enorme ser trazia em sua mão esquerda um cajado de madeira escura com a ponta no formato de um gancho e com uma luz verde-escura, vinha montado em um grande felino também negro, que rosnava e andava de um lado para o outro em nossa frente. Levantando esse cajado que iluminava aquele pedaço da floresta com aquela luz verde-escura, uma voz rouca e estridente sai daquele ser em nossa direção:

– Pequeno ser que se diz discípulo do Mestre da Lei Maior, portador da Espada de Fogo da Justiça Divina, traz consigo um "verme" interessante, que os mais antigos neste nível o conhecem perfeitamente. O que o leva a pensar que deixarei você cumprir sua missão?

O anão ajoelha-se perante aquele enorme ser e lhe dirige a palavra:

– Mestre do Retorno do Conhecimento, estou seguindo rigidamente a solicitação de meu mestre para que eu possa galgar novos rumos em minha caminhada. Sem sua permissão não seguirei minha viagem, nem executarei as ordens de meu mestre... serei penalizado e não irei dar sequência em minha caminhada pessoal – levantando minha cabeça pelos cabelos em direção ao enorme ser em nossa frente, o anão continua seu discurso: – Em relação a este verme, não o conheço, não me interessa conhecê-lo. Minha função e carregá-lo até os domínios de meu mestre, e sem seu consentimento não poderei executar minha missão.

Com uma gargalhada infernal, o enorme ser com cabeça felina novamente volta a falar:

– Pequeno e ignorante anão, não sou eu quem vai explicar para você o que significa esta sua "carga"; não sou eu quem vai lhe transmitir este conhecimento tão vital para o acerto de sua caminhada... Você é tão insignificante que ao invés de responder a minha questão, somente se preocupou em se defender pessoalmente, pois sua ignorância nubla sua visão, já que acredita que está perante meus domínios sem minha permissão prévia... Deveria transformá-lo em um "ovoide" para que você tivesse tempo para pensar sobre sua insignificante existência... ou melhor, deveria enraizá-lo nesta floresta juntamente com estes outros seres, pois aí sim, tempo não iria lhe faltar para pensar sobre sua caminhada. Mas deixemos de pensar em sua insignificante existência e voltemos a falar sobre sua "carga", pois ela é importante para mim também, e com o tempo tanto você como ela irá entender o porquê. Pode continuar sua caminhada, insignificante ser... Mas de agora em diante, meus servos irão lhe guiar nos meus domínios, pois vocês deverão observar somente o que lhes é permitido. Assim, estes dois servos lhes guiarão sobre meus domínios, que assim seja, pois esta é a vontade do Mestre do Retorno do Conhecimento.

E com o manejar de seu cajado, dois enormes e negros felinos saem da mata em nossa direção, meu corpo é jogado pelo anão sobre um dos felinos, e o outro felino se abaixa para facilitar a montaria do pequeno ser, que antes me carregava. Sob o olhar daquela enorme criatura de corpo humano e de cabeça felina, recomeçamos a caminhada agora dentro daquela estranha floresta, que pelas palavras daquele enorme ser, suas árvores eram almas em penitência... Logo comecei a pensar no que havia me ocorrido.

Acho que morri e estou no inferno... acho que novamente Deus me abandonou... estou sendo carregado por seres que só habitam no inferno, não entendo nada do que está acontecendo, o modo como aqueles seres falavam, o cenário de terror em que me encontro, tudo leva a crer que devo ter morrido naquela queda do abismo e minha alma caiu neste inferno, mas como minha alma está no inferno, se ainda sinto meu corpo a queimar de dor, sinto frio, sede, fome, sinto o vento a cortar meu rosto, sinto o cheiro do animal que me carrega neste instante? Como tenho essas sensações se morri? Tudo no que acreditei e tudo que aprendi foram mentiras! Deus abandona quem o adora... Lutei minha vida inteira para divulgar a palavra da Santa Sé, e quando minha vida se vai, minha alma ou meu corpo vem parar no inferno! Nesse instante, uma sensação indescritível de medo e remorso toma meu ser, e o que me resta é um choro infantil, daqueles que soluçamos e gritamos como se tivéssemos apanhado de nosso pai sem entender o porquê. Naquele momento, ouço uma enorme gargalhada vindo do anão que antes me carregava e que agora está do meu lado direito montando outro enorme felino:

– Chore muito, seu "porco", pois aquele "Deus" que você adorava virou as costas para você! Não sou eu quem vai lhe explicar o que está acontecendo, mas tenha certeza de que seu sofrimento está somente no início... muito irá acontecer a você, "porco"! Chore enquanto suas lágrimas ainda não secaram... – o pequeno anão findou com uma gargalhada.

Viro minha cabeça para sua direção tentando ver aquele ser que me dirigia a palavra... Sem conseguir, continuei em meus pensamentos, agora em silêncio.

7

A Floresta do Retorno da Sabedoria

Começo novamente a observar as árvores que estão no caminho que nos levam, todas secas, com as raízes aparentes e seus galhos se precipitam para o céu, seus troncos são grossos e de uma estranha tonalidade de cinza; o desenho de suas ranhuras lembrava rostos humanos a sofrer. O silêncio era aterrorizador... nenhum animal caminhava também naquela floresta, nem o vento era suficientemente forte para emitir qualquer som sobre sua passagem entre aqueles galhos secos... Sinto uma sede descomunal, sinto minha boca rachada, e tento, sem sucesso, regar minha garganta com minha escassa saliva... Logo, tento me comunicar com aquele estranho guia que estava do meu lado direito sobre aquele grande felino.

– Pequeno ser, tenho sede... – tento gritar, mas minha voz desbrava fraca, em virtude de meu cansaço.

O horrível anão olha profundamente aos meus olhos e começa a gargalhar; findando este acesso, inicia seu discurso:

– Seu "porco", ainda está neste estado catatônico, sem ter nenhuma lembrança do que lhe ocorreu... mas continua a me utilizar como seu escravo... pensei que após esta passagem você daria mais valor a outras coisas, mas continua petulante e achando que todos são obrigados a lhe servir... seu "porco"... quero que suas entranhas queimem de sede... – sério, continuou a olhar o caminho que estávamos a transcorrer.

Caio novamente em meus pensamentos, e começo a juntar os fatos do porquê esse diminuto ser está me acompanhando. Por que ele profanou que eu continuava a solicitar algo dele, se esta foi a primeira vez que lhe dirigi a palavra para pedir algo? Será que conheço este ser infernal? Será que este ser é alguém que caiu comigo neste abismo?

Milhares de pensamentos continuavam a espremer meu cérebro. Tomei novamente coragem e tentei dirigir outra palavra ao meu guia:

– Senhor, necessito de água, estou a secar nesta minha condição... – e com as últimas forças que me restavam retorci meu corpo como um verme e me joguei do lombo do felino que me carregava ao seco solo que caminhávamos.

Ao sentir que meu corpo já não estava mais sobre seu corpo, o gigante felino começou a emitir um ensurdecedor som que traduzia toda sua raiva. Naquele mesmo instante, o meu diabólico guia também se precipita ao chão e me levanta pelos cabelos, e com um olhar de ódio grita para mim:

– Seu "porco", o que está tentando fazer? – ele levanta seu punho para me atingir e, para me defender, fecho meus olhos e grito com todas minhas forças:

– Não meu pequeno lacaio, não me bata novamente... amigo Pedro, só quero um pouco de água... – continuo com meus olhos fechados.

Subitamente meu guia me solta e troveja sua indignação:

– Do que me chamou, "porco"? Quem disse que sou seu lacaio, quem disse que me chamo Pedro?

Naquele mesmo instante, os dois felinos que nos acompanhavam começa a se movimentar de forma impaciente, e dentre aquelas árvores projetou-se aquele ser que nos recepcionou na entrada desta floresta.

O gigante meio homem meio felino caminha em nossa direção. Seus olhos demonstravam toda sua indignação pelo ocorrido. Nesse instante, todo meu corpo foi tomado por um sentimento de pânico do que me ia acontecer... Olho para meu lado, e o diminuto homem que me guiava estava de joelhos com as mãos levantadas para cima em total silêncio. Olho novamente para o gigante ser que caminhava em nossa direção... foi quando me dei conta do seu descomunal tamanho... esse ser agora parecia ter o tamanho de três homens, não de um homem e meio, e sua aparência demonstrava a força de outros dez. Nesse momento, o gigante começou a se pronunciar diretamente ao meu guia colocando todo sua indignação:

– Pequeno e insignificante ser, não consegue efetuar uma ordem tão simples de levar esta sua "carga" ao seu destino? Como é totalmente idiota! Como pode o Mestre da Lei Maior, portador da Espada de Fogo da Justiça Divina, confiar esta tarefa a você? Deveria agora acabar com sua insignificante existência e deixar que meus dois servos efetuassem seu trabalho... Se fosse de minha responsabilidade sua caminhada, isso seria feito, mas como sua tarefa por enquanto não me diz respeito, deixo que continue, mas não sem antes sentir uma pequena fração de meu poder! – foi quando o gigante encostou na testa do anão a ponta de seu cajado e o pequeno ser foi envolvido por uma luz verde-escura por todo seu corpo... raios começaram a explodir de dentro para fora daquela estranha bolha, e o ser que ela aprisionava gritava de dor com seu rosto refletindo toda sua agonia. Naquele instante, o gigante desencosta o cajado da fronte do anão, que tomba para o lado com seu corpo a estremecer. Em seguida, o gigante ser dirige-se em minha direção, e com uma única mão segura todo meu tórax e levanta meu debilitado corpo, colocando meu rosto na altura seus olhos e troveja:

– O que ocorreu aqui, ser debilitado protegido pelo Mestre da Lei Maior, portador da Espada de Fogo da Justiça Divina? Seja claro e objetivo, se não quiser passar pelo que seu guia está passando...

Olho diretamente nos seus olhos, e com um misto de pânico e fúria, começo a discursar:

– Não sei quem você é, não sei o que estou fazendo dentro deste pesadelo que nunca termina... meu corpo está totalmente debilitado, sinto muito frio, a dor é lasciva por todo meu corpo! Estou sendo guiado por um ser que, quando dirijo a palavra para ele por qualquer motivo que seja, começa a me espancar... a única coisa que fiz foi pedir um pouco de água, pois meu corpo está secando de tanta sede...

caí no chão quando fiz essa solicitação, e antes de apanhar novamente de meu guia, tive a intuição de chamar esse diabólico ser de Pedro, meu lacaio pessoal que me acompanhava em minhas batalhas.

O gigante me segurava com uma única mão fez um olhar de espanto e começou a gargalhar, pronunciando a mim:

– Ser protegido pelo Mestre da Lei Maior, portador da Espada de Fogo da Justiça Divina, agora está começando a entender o que lhe ocorreu, está finalmente observando que o estado em que se encontra é o de pós-morte. Está colhendo todos os frutos que plantou em sua caminhada terrena, bem como alguns de seus companheiros que desencarnaram juntamente com você. Está agora a sentir a execução da Lei... comece a observar tudo que o cerca, lembre de todos os fatos desde o instante que caiu no abismo, assim sua caminhada será mais curta... Recorede-se dos seres atolados na praia, lembra do lodo que amorteceu sua queda... Olhe para o lado e contemple estas árvores que o cercam, pois estes são os únicos ensinamento que lhe passarei... O restante das informações será passado pelo seu mestre.

Continuo olhando diretamente nos seus olhos e esbravejo do fundo de minha alma:

– Se morri, onde está Deus? Onde está Jesus, que adorei por toda minha existência? Levei sua palavra pelos quatro cantos do mundo, trouxe glória para a Santa Sé e este é meu pagamento? Ser guiado pelo inferno por um anão, ter amputado meus braços e pernas e ter de ficar escutando um demônio, meio homem, meio felino que dá conselhos e gargalha? Vocês não passam de uns covardes... pois se estivesse com meu corpo saudável e portando minha espada, nem você nem aquele ridículo anão iriam dirigir a palavra a mim!

Novamente, o gigante começa a gargalhar e joga violentamente meu corpo ao solo, colocando sua indignação:

– Realmente você não perdeu seus traços de encarnado; se eu não o conhecesse há séculos e não o respeitasse por isso, iria destruir o que resta desse seu diminuto corpo! Não sou um demônio, muito pelo contrário... sou portador do meu segredo, e um ser totalmente igual a você só que em outro estágio. O Mestre da Lei Maior, portador da Espada de Fogo da Justiça Divina, irá lhe explicar tudo que está acontecendo no seu devido tempo... Eu não tenho que ficar por aqui a escutar você neste momento, terei a honra de debater com você como fazemos há séculos, mas isso acontecerá no seu devido tempo! Agora sentirá o que quer dizer "retornar ao conhecimento"...

Naquele instante, o gigante coloca seu cajado em minha testa... aquela luz verde-escura começa a envolver todo meu corpo, falta-me a respiração, sinto uma imensa dor percorrer todo meu ser... Começo a convulsionar, tento puxar o ar de meus pulmões, mas sem resultado algum. Começam a faltar meus sentidos, e com o som daquela horrível gargalhada perco minha consciência...

Retorno à realidade, e encontro-me de novo sobre o lombo do felino que me carregava anteriormente. Volto a sentir um frio terrível, e observo onde estou, percebo que ainda me encontro na mesma floresta, e o que havia mudado era a situação climática, pois nevava torrencialmente, fazendo-me lembrar da nevasca que atravessei com minha tropa em minha última batalha...

Olho para meu lado direito e vejo meu guia sentado no outro felino, com um semblante sério sem emitir nenhum tipo de som, apesar da temperatura que estávamos passando.

Tento mais uma vez chamar a atenção de meu guia e o chamo novamente, aguardando sua rispidez, que era de praxe:

– Pequeno guia, de novo venho lhe pedir água... por favor, estou a secar! – fecho os olhos tentando me proteger de sua violência...

Gargalhando, o anão com um som típico fez com que os felinos parassem. Desce de sua montaria e vem em minha direção com um ar de desprezo:

– Beba, protegido, aproveite sua situação, pois não irei servi-lo durante muito tempo! – diz apontando para mim um cantil, que aparentemente carregava nosso suprimento de água.

Bebi aquele conteúdo líquido que havia dentro do cantil e observei que não tinha água, mas uma bebida alcoólica, muito forte, que matou minha sede e fez com que meu corpo sentisse menos frio. Sem demonstrar nenhum tipo de sentimento ou de ressentimento, o demoníaco anão recolheu o cantil, voltou para sua montaria e, com um som típico, fez com que nossa montaria voltasse a caminhar.

Mantive-me em silêncio, acredito que caminhamos vários dias naquela floresta, e a paisagem somente mudava em seu clima, que ora a temperatura ambiente era de um frio imenso, outrora de um calor insuportável.

Chegamos a uma clareira onde se encontrava uma enorme árvore, também seca com seus galhos apontados para o céu; a única coisa que a diferenciava das outras era seu tamanho descomunal. O enorme ser meio felino meio homem, que nos recepcionou no início de nossa caminhada e nos surpreendeu no meio desta, postava-se ao lado daquela sinistra árvore; ao longe dava a impressão de que estavam em uma estranha conversa.

Chegando mais perto, observei que o gigante estava mesmo a conversar com aquela árvore, que com uma enorme dificuldade emitia alguns sons de resposta. Quando eu e meu guia chegamos mais perto, a ponto de entender o que as duas criaturas estavam conversando... fez-se silêncio em todo ambiente, e com uma gargalhada descomunal o gigante com cabeça de felino virou-se em minha direção e começou a se pronunciar:

– Chegou o protegido do Mestre da Lei Maior, portador da Espada de Fogo da Justiça Divina, espero que tenha feito boa viagem e que tenha aprendido que em território desconhecido observa-se mais do que se fala, aprende-se mais quieto do que falando – continuou a gargalhar e a olhar para min.

Naquele instante meu guia desce do felino que o carregava e vem em minha direção, tira meu ferido corpo das costas de minha montaria e o coloca em seus ombros, como se eu fosse algum tipo de caça que havia sido abatida.

Tento procurar o gigante para colocar minha indignação, mas sem ter este tempo, ele volta novamente a falar comigo:

– Pequeno ser, fique quieto, pois não tem noção ainda com quem está falando! Quando voltar a sua consciência, com certeza irá entender o que quero lhe dizer. De agora em diante, novamente o "escravo" do Mestre da Lei Maior, portador da Espada de Fogo da Justiça Divina, irá carregá-lo, mas agora por pouco tempo, pois dentro de outro mistério você irá se encontrar.

Dessa forma, meu guia continuou a caminhar de forma vigorosa, e de longe continuo a escutar o som da gargalhada do ser que anteriormente estava a me observar. Acredito que, após alguns minutos, chegamos ao final daquela estranha floresta e nos deparamos com um terreno arenoso, com um clima quente e úmido, e a poucos metros encontrava-se uma enorme montanha de pedra, sem nenhum tipo de vegetação; no centro dessa parede natural, encontrava-se um arco de pedra, de cor alaranjada, onde se postavam dois seres, cada um com um enorme machado em sua mão. Seres estes de físico totalmente humano, mas demasiadamente fortes. Quando perceberam nossa chegada, começaram a gargalhar de forma aterrorizadora, cruzaram seus braços com a lâmina dos seus machados encostadas em seu peito e aguardaram gargalhando nossa aproximação.

Chegando a uma distância pequena daquelas duas criaturas que mais pareciam dois guardiões, meu guia com um forte golpe lança meu corpo em direção ao chão e ajoelha-se, fazendo um estranho sinal com as sua mãos, pronunciando-se:

– Saudações, Guardiões da Passagem Ponderadora, venho em nome do Mestre da Lei Maior, portador da Espada de Fogo da Justiça Divina, pedir-lhes que chamem o Mestre Transformador Comandante dos Ventos.

Os dois seres se entreolharam e começaram a bater seus machados um no outro de forma violenta; instantes depois, uma rajada de vento veio ao nosso encontro, um som estranho tomou conta do ambiente e o céu ficou totalmente nublado como se uma tempestade chegasse ao nosso encontro. O som das lâminas dos nossos anfitriões era aterrorizador e, naquele momento, uma enorme criatura alada pousa no arco acima dos guardiões. Esse ser emitia um estranho som que incomodava meus ouvidos, observei o anão que me guiava, ele ainda estava de joelhos só que com as mãos tampando suas orelhas. Olhei novamente aquele ser e fiquei totalmente aterrorizado, ele estava de cócoras sobre o arco, suas feições eram humanas, mas com os maxilares avantajados para frente, mostrando enormes presas que sobressaíam em sua arcada, fortes braços seguravam um tridente, e grandes asas como as de um morcego decoravam aquela visão de satanás... Entrei em pânico, e escutei aquele diabólico ser dirigir suas palavras para mim e para meu guia:

– Pequenos e estúpidos seres, quem são para solicitar minha presença?– e continuou a nos observar de forma raivosa.

Meu guia, continuando de joelhos, dirigiu-lhe sua solicitação:

– Venho em nome do Mestre da Lei Maior, portador da Espada de Fogo da Justiça Divina, solicitar ao Mestre Transformador, Comandante dos Ventos, que cumpra seu prometido perante minha carga.

O enorme satanás vira-se em minha direção e começa a gargalhar:

– Então chegou? Como é idiota, nada aprendeu... mas de agora em diante está sob minha responsabilidade, farei o que me foi solicitado! E você, pequeno escravo, pelo que soube, teve alguns problemas, mas cumpriu sua obrigação. Logo também estará sob minha responsabilidade, para que possa retomar sua consciência e cumprir sua missão – gargalhando, a enorme criatura começou a bater suas poderosas asas.

Os Guardiões do Arco novamente cruzaram seus braços com a lâmina de seus machados encostadas em seu peito e começaram a gargalhar... a criatura a nossa frente começou a voar... foi nesse instante que percebi seu real tamanho, pois com uma única mão me apanhou e a meu guia também. Comecei a gritar de terror, porque já havia sofrido demais até agora, e o que mais poderia a acontecer a mim... Comecei a chorar compulsivamente e olhei meu guia, que estava quieto e tranquilo aguardando seu destino.

Comecei a tentar observar por onde estávamos voando, esta sensação era indescritível, eu acreditava até aquele momento que voar era somente para pássaros... Apontando meu olhar para o solo vejo a encosta da montanha, esta que era íngreme e cheia de cavernas onde vários seres de formato humano tentavam escalá-la em direção aos seus orifícios. Mirando ainda mais, observei também que na entrada daquelas cavernas encontrava-se um ser de formato humano, mas pele avermelhada, com um chicote em suas mãos. Esses seres estavam chicoteando quem tentava entrar dentro daqueles buracos na encosta... Uma visão aterrorizadora mas também curiosa, pois não entendia aqueles humanos, que quanto mais apanhavam de chicote, mais tentavam chegar às cavernas, e os seres que executavam tal ato, a cada golpe, mostravam-se mais satisfeitos.

Chegamos ao cume daquela montanha, onde uma enorme caverna postava-se. A criatura que carregava a mim e o meu guia também pairou no ar na entrada daquela caverna, e começou e emitir o mesmo som que profanou meus ouvidos quando ela nos encontrou; com um golpe rápido voltou a voar rapidamente para dentro da caverna. Seu voo era impressionante, pois a velocidade em que estávamos era enorme, e como ela desviava das rochas do caminho! Nossa empreitada começou a ficar no mínimo curiosa, pois nunca havia sentido aquilo. Subitamente chegamos a uma enorme sala, onde se encontravam vários seres. Esta possuía seu chão de pedra quadriculado de branco e preto, seu formato era retangular, e ao fundo um enorme trono vazio postava-se, pairando no alto daquela sala. Meu transporte soltou meu corpo e do meu guia, violentamente batemos nos pés daquele trono... minha mente ficou confusa com o golpe, e tentei procurar a estranha criatura meio homem, meio morcego que outrora me carregava. Quando a localizei rolando meu corpo, ela encontrava-se sentada no enorme trono. Com as asas abertas e seu tridente na mão esquerda, começou a proclamar às outras criaturas que estavam na sala:

– Falange Transformadora e Dominadora dos Ventos, chegou quem eu havia contado-lhe anteriormente, faça como ordenei! Assim será! – proclamou o Mestre Transformador e Comandante dos Ventos.

Naquele instante, dois seres encapuzados vieram em minha direção, comecei a gritar de terror... Um enorme silêncio tomava aquele recinto. Pegaram meu debilitado corpo e brutamente me levaram a uma prancha de pedra que se encontrava ao lado da sala. Observei que havia naquele lugar centenas de pranchas, cada uma com um corpo, e dois seres que aparentemente estavam cuidando daqueles corpos. Nesse momento, um alívio tomou conta de mim; levantei minha cabeça e observei o ser que havia me trazido àquele lugar e agradeci, pois acreditava que meus incontáveis ferimentos seriam tratados. Foi quando com um mover de sua cabeça em minha direção novamente meu tormento retornara, pois os dois seres que me carregavam postaram suas mãos, um em direção aos meu estômago, outro em direção à minha garganta. Vi que das pontas de seus dedos pequenos raios precipitavam-se em minha direção, a dor que sentia naquele momento era lasciva... tentei gritar, mas em vão... Comecei a amaldiçoar Deus pela minha situação, e também aquelas bestas que me torturavam. Após alguns instantes a dor era ainda maior, implorei a Deus pela minha morte, ou pela minha inconsciência, mas novamente em vão... Comecei a chorar e a gritar de desespero, foi quando o ser que golpeava meu estômago parou e virou-se para apanhar aparentemente algum objeto; quando ele virou em minha direção, minha alma foi tomada por um total desequilíbrio. O demônio que agora se postava na parte inferior de meu corpo estava com uma tocha na mão, e esse começou a queimar o que restava de minhas pernas e de meus braços... Gritei de dor compulsivamente, pedi que os demônios que me torturavam parassem de executar as horrendas ordens daquele demônio de asas, mas minha iniciativa mais uma vez era em vão, pois aqueles dois seres pareciam surdos aos meus suplícios. Nesse instante, a criatura que golpeava minha garganta para e começa a esfregar suas mãos, que começaram a incandescer emitindo uma luz amarelada, e com um único lance de luz em direção a minha testa, desmaiei instantaneamente.

 Acordei após esse sonho que me foi obrigado e encontrava-me só, vários gritos ecoavam naquela sala, foi quando levantei minha cabeça e observei com clareza aquele lugar... Milhares de pranchas de pedras estavam enfileiradas, cada uma com um ser humano sendo torturado por dois escravos daquele demônio de asas que observava tudo atentamente. Nesse instante, dei-me conta de que todo meu corpo doía como se estivesse em batalha a noite toda, mas meus ferimentos estavam tratados. Apesar de meu corpo não possuir mais pernas e braços, a extremidade que restava desses membros estava cicatrizada. Tentei entender o que havia me ocorrido, mas quanto mais me esforçava com esse intuito maior era a confusão de informações que nublavam minha mente...

Naquele momento, três outros seres com a mesma aparência dos dois anteriores arrastavam uma enorme pira de fogo em minha direção. Tentei recuar meu corpo, no intuito de defesa, mas em minhas condições tal manobra era impossível. Parando a pira perto do que restava de minhas pernas, sem emitir nenhum som, dois seres seguraram o restante de minha coxa direita, e o outro diabólico ser retirou uma perna de algum tipo de metal de dentro da pira em chamas. Esta estava vermelha por causa da temperatura, e o ser, sem emitir nenhum tipo de sentimento piedoso, a vestiu em minha extremidade, como se fosse uma armadura aquela perna metálica em chamas... Gritei em razão do sentimento da queimadura que essa operação havia me compelido, e novamente, um a um, meus outros membros foram-me devolvidos por aquelas próteses infernais. Gritei de dor compulsivamente e, naquele instante, os dois seres me seguraram fortemente em direção àquela prancha de pedra, enquanto o outro trazia em suas mãos um símbolo esculpido em uma lápide metálica em chamas, que foi fortemente aplicado em meu peito... Gritei de dor e de novo perdi a consciência...

Retomando meus sentidos, observo que meu corpo, apesar de sofrer ainda as dores das sequelas do que me havia ocorrido, estava recomposto. Tentei movimentar meus braços e, para meu espanto, fui correspondido... apesar de pesados eles se movimentavam como se fossem meus. Mexi minhas pernas também com sucesso, e tentei me levantar daquela prancha de pedra, cai violentamente ao solo quadriculado, mas com o auxílio de meus braços, apoiei-me em meu leito de pedra e consegui me colocar de pé. Ainda segurando aquela prancha, olhei ao meu redor e a situação anterior ainda estava ocorrendo... Milhares de seres encontravam-se a sofrer o que havia sofrido, só que naquele momento consegui ver que cada uma daquelas infelizes criaturas estava sofrendo uma intervenção diferente. Acredito que conforme suas necessidades de reconstituição.

Um ser que se postava em uma fileira de centenas de outros seres que estavam do lado esquerdo do diabólico morcego veio em minha direção, e segurando fortemente em meu braço, fazendo com que eu executasse movimentos que ainda não controlava, arrastou-me para outra antessala, sentou-me em uma cadeira de pedra e dirigiu-se a mim:

– De agora em diante, sou seu mestre! Fará tudo que eu lhe mandar, sem emitir nenhum tipo de vontade. Se ao contrário for, sentirá minha fúria!

E sem que houvesse tempo para colocar qualquer comentário, a criatura a minha frente tirou seu manto negro que protegia seu corpo e encostou seu tridente no símbolo que estava marcado em meu peito. Uma sensação de dor indescritível tomou meu ser, convulsionei na cadeira em que me postava... Naquele instante, o meu mestre desencostou o tridente de meu peito, gritando em minha direção:

– Escravo meu, ordeno-lhe que diga sim! – encostando e desencostando novamente o tridente em meu peito antes que eu respondesse. Suspirei para tomar fôlego e projetei-me em sua direção:

– Farei o solicitado, meu mestre!

Gargalhando como um demente, encostou novamente o tridente em meu peito e voltou a profanar:

– Obedeça-me cegamente em nome do Mestre Transformador, Comandante dos Ventos!

8

A Doutrina Possui Asas

Naquele momento, compreendi o que me havia ocorrido... Realmente tinha morrido, e por algum motivo que ainda não entendi, minha alma veio parar no inferno. Em poucos instantes, observei que se eu obedecesse o ser que se dizia meu mestre, meu corpo não seria mais torturado; alimentavam-me e, periodicamente, um cantil que havia sido me dado pelo meu mestre era completado com aquele líquido de gosto estranho, extremamente alcoólico.

Em hipótese alguma, era-me permitido emitir qualquer tipo de som ou fazer qualquer tipo de apontamento no que me era solicitado, condição esta que, apesar de duras penas, aprendi rapidamente.

Comecei meu trabalho carregando os corpos que eram soltos no canto da sala onde fui tratado. Alguns deles eram soltos por seres com o formato humano mesclado com de um morcego, figura muito parecida com o demônio que ficava sentado ao fundo daquele lugar a observar tudo e todos. Outros eram somente humanos com asas de pássaros. Eu carregava os corpos até as pranchas de pedras, trabalho árduo e cansativo, pois algumas criaturas que caíam ali eram muito pesadas, ou estavam com seus corpos mais dilacerados do que o meu quando cheguei àquele lugar. E após cada tratamento, outro ser saía do lado esquerdo do morcego e guiava a infeliz alma para as salas que ficavam atrás de cada prancha, alguns voltavam e ajudavam-me a carregar os corpos, outros limpavam o chão de algum resíduo tirado pelos seres que tratavam ou torturavam os desafortunados.

Tive a sensação de que alguns meses se passaram naquela minha empreitada repetitiva, e foi quando meu Mestre pessoal novamente me arrastou até a sala onde ele se apresentou e colocou outra sentença:

– Meu escravo, por causa de sua obediência e dedicação, de agora em diante você terá outra função dentro do mistério do Mestre Transformador, Comandante dos Ventos! Tome este tridente, guarde-o com sua vida e siga-me para que lhe apresente suas novas funções.

Meu mestre pessoal me levou por um corredor até outro ambiente, este também quadriculado, mas sem nenhum tipo de móvel. Várias duplas ou trios se encontravam agrupados, espalhados pelo enorme local, foi quando meu mestre virou-se para mim e novamente sentenciou:

– Escravo meu, seus modos perante a mim não devem mudar, seu silêncio deverá ser mantido ainda, mas de agora em diante com uma diferença. Quando solicitado, você poderá responder à pergunta que lhe for feita. Agora, cegamente, continue me seguindo!

Somente com um balançar de cabeça concordei e me postei atrás de meu mestre pessoal. Observei que um estranho fenômeno acontecia naquele lugar... Diante de nós, instantaneamente após a solicitação de meu mestre pessoal, uma névoa estranha surgia do nada. Adentramos para seu meio, e quando atravessamos essa estranha fumaça, nos encontrávamos num outro ambiente... Estávamos numa floresta, onde tinham algumas pessoas. Ao centro, um altar de pedra com uma menina nua deitada; à sua frente, uma senhora aparentando uns 50 anos profanava algumas palavras para as outras que escutavam, foi quando meu mestre pessoal dirigiu-se a mim:

– Escravo, observe estes encarnados, estão executando um ritual que desagrada à Lei Maior. Nossa função aqui é impedir que eles abram algum portal protegido por algum mistério, pois neste momento da humanidade sua abertura é inviável. Não cabe a nós julgar essas pessoas, pois elas terão seus julgamentos no formato da Justiça Divina, e pessoalmente não me importo com o que irá acontecer com elas... Então empunhe seu tridente e siga-me na luta!

Não entendi nada do ocorrido, mas segui suas instruções, e nos colocamos atrás das pessoas e de frente para o altar. Naquele momento, a velha terminou de proclamar algumas palavras e, levantando ao alto uma faca, deflora um golpe em direção ao tórax da menina. Após alguns instantes, uma fumaça preta emana do altar e alguns seres diabólicos começam a sair de seu interior. O único ser encarnado que conseguia ver a cena que estava se formando era a velha que supostamente era a sacerdotisa. As outras pessoas não demonstravam nenhum outro tipo de reação, quando meu mestre pessoal gritou em alto e bom som:

– Alto lá, horda vinda de onde ainda não foi permitido! Em nome do Mestre Transformador, Comandante dos Ventos, ordeno-lhes que retornem do nível que vieram, pois senão sofrerão as consequências!

Os seres começaram a gritar em fúria e a caminhar em nossa direção... Meu mestre tomou frente na luta e encostou seu tridente no peito do primeiro demônio que veio em nossa direção, este que num clarão tornou-se um estranho ovo de cor cinzenta. Fiquei aterrorizado com o ocorrido... foi quando o segundo demônio golpeou-me com um soco em meu rosto, caí no chão, e uma fúria tomou conta de meu ser... Levantei como um animal no cio e comecei a escutar a gargalhada de meu mestre que, nesse instante, se afastou da batalha. Olhei para meu mestre e não me preocupei com a sua abstinência. Fui em direção aos meus oponentes e comecei a golpear insistentemente, e a cada golpe de meu tridente um oponente caía. Em seguida, meu mestre foi ao centro da fumaça negra de onde os demônios estavam saindo e balançando seu tridente dispersou a fumaça, não havendo mais nenhum oponente em pé. Meu mestre vira para a velha que libertou os demônios com seu ritual maligno e profana:

– Porca miserável, não tem ideia do que está fazendo, está libertando seres que não pode controlar! Não me importo com o que poderá lhe ocorrer, mas minha função neste momento é coibi-la disso! Assim, se voltar aqui novamente pelo mesmo motivo, a levarei comigo no final de meu trabalho, está entendendo?

E com uma risada maligna a velha diz de volta a meu mestre:

– Tolo demônio, pensa que tenho medo de você ou de quem o enviou? Dou risada de sua infantilidade, pois continuarei até que tenha terminado meu intuito! E avise ao seu escravo que se cruzar meu caminho novamente, o aprisionarei em meus domínios! – terminou sua frase gargalhando.

Não entendi como aquela encarnada escutava e falava com meu mestre. Os outros encarnados estavam confusos por não compreender o ocorrido, foi quando meu mestre encostou seu tridente no peito daquela velha que o desafiava... Nesse momento, com um espasmo, outro ser feminino sai de dentro daquela velha, que cai para trás e se levanta rapidamente. Os outros humanos correm em direção à velha que tinha caído, quando percebi que a imagem que sobrepunha a velha era de outro demônio que havia possuído a sacerdotisa. Então, uma luta violenta de meu mestre com aquele demônio deu início... fiquei aterrorizado com o ocorrido, mas meu mestre, apesar de minha paralisia pela ignorância, continuava a lutar. Tomei consciência da situação e lancei violentamente um golpe com meu tridente pelas costas daquele demônio que urrou de dor... Meu mestre se afastou e encostou bravamente seu tridente sobre o peito do oponente ferido, que após um intenso clarão estava transformado num pequeno ovoide. Naquele momento, meu mestre levanta seu tridente, e outra fumaça, agora mais parecida com uma névoa, toma conta daquela cena e alguns seres alados saem de seu interior recolhendo nossos oponentes. Paralelamente, meu mestre recolhia os dois ovoides, da velha e do demônio, que estavam no solo e indicou que eu também caminhasse para dentro da névoa. Prontamente lhe atendi e observei que ele me seguia sem tomar nenhuma providência com os encarnados que estavam naquela desolada batalha. Entregando os ovos para outros dois escravos, meu mestre dirigiu algumas palavras para mim:

– Parabéns, escravo! Tem mesmo alma de guerreiro como disse nosso Mestre Transformador, Comandante dos Ventos! Lutou bem, sem medo... Assim, irei lhe explicar o ocorrido – pedindo para que eu sentasse no solo enquanto ele discursava. – O que combatemos foi a criatura que possuía aquela sacerdotisa que pregava em desacordo com a Lei. Nossa missão era capturar aqueles seres, fechar o portal aberto por aquela ignorante da Lei e trazer nossos adversários conosco. Nossos adversários são como nós, só que no estado contrário da

Lei. Estavam perdidos, e nossa função naquele momento era de capturá-los e trazê-los para o lado certo. Agora, escravo, pode perguntar.

De cabeça baixa, dirigi minha dúvida ao meu mestre:

– Mestre, como trouxemos nossos inimigos para o lado da Lei se os matamos em batalha?

Calmamente, meu Mestre respondeu:

– Em primeiro lugar não matamos ninguém. Em segundo lugar, pela Lei não existe inimigo e sim adversário, meu escravo... somos eternos, como diz a Lei. O que ocorreu naquele momento foi que duas criaturas foram regredidas para o estágio que chamamos de ovoide, em seu devido lugar estes serão depositados e lá esses seres terão tempo de entender a Lei. Nossos outros adversários estão somente em estado catatônico e serão levados ao mesmo local de transformação onde você foi depositado, e um processo parecido com o que aconteceu com você acontecerá em nome da Lei. Por esse episódio seu aprendizado finda-se por aqui, em outra oportunidade continuarei a lhe passar alguns parâmetros da Lei.

Levantei, conforme foi me solicitado pelo meu mestre.

Caminhando ao lado de meu mestre, meus pensamentos divagavam sobre o ocorrido... o que será este estado de ovoide? Será que realmente somos eternos? Como o ocorrido foi a minha oportunidade de aprendizado, tantas interrogações explodiam em minha cabeça... Mas o que mais me intrigava era a sensação de que o fato não era novidade para mim. Estive em batalhas toda minha vida, mas o episódio que presenciei agora em nenhum momento foi novo para mim, tendo a nítida impressão de que já executei esta tarefa inúmeras vezes, este sentimento está me incomodando...

Seguindo os passos de meu mestre, entramos em outra sala daquele lugar intrigante, que por fora parecia uma caverna, mas internamente o local era imenso, sem proporções, inúmeras salas onde continham inúmeros seres, todos desempenhando algum tipo de trabalho ou passando por algum tipo de aprendizado ou de transformação. Nesse momento, meu mestre apontou um assento para mim, no qual prontamente me acomodei, olhei para os lados e alguns seres se infiltravam tanto do meu lado esquerdo como do meu lado direto, números de seres estes incontáveis. Estávamos num tipo de catedral, nossos assentos faziam um formato de "U" em torno de um tipo de altar, três tronos encontravam-se ao centro dessa situação e, naquele momento, novamente comecei a escutar o barulho que me ocorrera quando fui sequestrado pelo enorme morcego que me trouxe a esse lugar. De uma forma inexplicável, um vendaval toma conta daquele local, uma voz rouca e extremamente agressiva solicita que nos postássemos em pé com a seguinte frase:

– Cavaleiros da Transformação, Guardiões dos Segredos dos Ventos! Coloquem-se de pé e reverenciem nosso Mestre Transformador, Comandante dos Ventos!

No instante em que aquela multidão se pôs em pé, dois seres de um físico enorme se colocaram nos dois tronos da extremidade; com o fim do vendaval e do ensurdecedor barulho que dominava o ambiente, o demoníaco morcego ficou em pé no Trono ao centro e, com um sinal de seu tridente, solicitou que todos sentássemos, começando a pronunciar suas palavras:

– Cavaleiros! Estão aqui pela ordem da Lei! Serão a estirpe de que necessitamos para combater nosso oponente! Chegou a hora! A horda que prega a discórdia da Lei foi liberta... Nosso poderoso oponente marcha em nossa direção, inúmeros portais tentaram se abrir para que a terrível horda caminhasse na superfície, e em nome da Lei estamos encarregados de impedir seu avanço. O Portador da Lei assim nos ordenou, e assim iremos executar nosso destino, todos os nossos aliados neste momento estão se organizando para a frente de resistência; de agora em diante, vocês deverão seguir cegamente o mestre que lhe foi designado. Sairemos agora em direção ao grande Vale onde nossos aliados também se encaminham. Cavaleiros, não há motivo para o medo ou para o não cumprimento da Lei. Estamos sendo observados neste instante pelo Portador da Lei que irá falar de nosso intuito neste momento...

O gigantesco ser sentou no trono central, abaixou sua cabeça e ordenou para que todos fizessem o mesmo. Um cheiro de maresia tomou conta do ambiente e, em seguida, a sala começou a se iluminar... Do centro do estranho lugar, uma luz clara rompe o ambiente e, naquele momento, um pequeno exército começou a brotar do centro da emanação daquela luz. Por último, um enorme guerreiro, com uma armadura prateada, um manto azul-escuro cobrindo suas costas e com uma enorme espada na sua mão direita, cumprimenta o diabólico morcego, começando a falar em nossa direção:

– Guardiões da Lei, estamos reunidos agora como seu mestre colocou! Iremos à batalha porque é necessário, e não por puro prazer! Sou o Mestre da Lei e vocês os executores dela. Juntos, caminharemos ao grande Vale, com o intuito de impedir o avanço de nosso oponente! Sigam as instruções de seus mestres pessoais, e nunca esqueçam que estão na defesa da Lei, seguindo os passos do Mestre Maior! Não deixarei que nada aconteça!

Naquele momento, no mesmo silêncio que nos encontrávamos, abre-se uma enorme porta à nossa direita, para onde calmamente começamos a caminhar, seguindo o nosso Mestre Transformador, Comandante dos Ventos e também aquele pequeno exército, o qual os componentes mais pareciam anjos armados naquele terrível inferno.

Meu mestre pessoal dá um sinal para que eu siga ao seu lado e com a voz rouca, mas porém branda, olha nos meus olhos e me fala:

– Pode perguntar o que não entendeu.

Abaixando minha cabeça sem parar de andar, coloco minhas indagações:

– Mestre, iremos lutar com quem? Quem é aquele ser celestial? O que realmente está acontecendo?

Novamente com sua voz branda, mas aterrorizadora, meu mestre dirige-se a mim:

– Cavaleiro, está nesta situação porque mereceu, e assim a Lei manda! O ser que caminha a nossa frente, ao lado do mestre, é o Portador do Trono da Lei ligado à Geração. Ele é o "polo positivo" do Mestre da Lei Maior, portador da Espada de Fogo da Justiça Divina e está aqui em nossa "caverna"`, nos recrutando em nome da Rainha dos Ventos, Dona do Trono da Demanda. O que iremos combater são seres vindos de níveis inferiores, que possuem o único intuito de derrubar a Lei, os quais estão no estado de pura ignorância dela. São extremamente poderosos, e não possuem nenhum tipo de constrangimento no intuito de conseguirem o que querem. E se não vencermos, além de sofrermos nosso impiedoso destino, os moradores da superfície irão sofrer as grandes consequências... Não que eu me importe com os moradores do plano carnal, mas me importo com o cumprimento da Lei! Assim, conseguiremos detê-los antes que consigam seu intuito...

E com um sinal com a cabeça, permitiu-me mais uma pergunta. Sem demora, dirigi-me novamente ao meu mestre:

– Mestre, como estas criaturas conseguiram sair do lugar onde se encontravam, e como a Lei permitiu tal fato?

E com uma gargalhada, meu mestre começa a discursar novamente:

– Cavaleiro, os moradores da superfície estão efetuando atos que não condizem com a Lei. Assim, seus pensamentos se desdobram e chegam a todas as camadas de afinidade, e os seres que possuem os mesmos interesses têm a intenção de se encontrarem. Logo, os portais que os continham se abriram... A Lei não permitiu tal fato, mas esta permite que ocorra literalmente o que se deseja. Portanto, se a superfície quer tais seres ao seu lado, estes tentarão chegar à superfície. A Lei somente está tentando conter a terrível horda, com o intuito da Justiça Divina, pois os seres da superfície que estão vibrando nesses níveis inferiores deverão se comprometer com a Lei nesses níveis, não em outros, porque se assim fosse, a Lei não seria cumprida, pois os encarnados que não estão vibrando nesses níveis, também sofreriam as consequências. No momento em que a superfície se encontra, os que seguem a Lei já estão sofrendo consequências horríveis de quem está dominando a superfície neste instante...

Continuei o diálogo:

– Mas, mestre, eu sempre segui os ensinamentos da Santa Sé, e me encontro neste lugar que não condiz com minha suposta caminhada na superfície. Onde eu e os demais estão errando para que isso aconteça?

Olhando seriamente os meus olhos, meu mestre num tom de voz mais agressivo retrucou:

– Então, seguiu os ensinamentos da Santa Sé e foi punido por isso? Tenho pena de você tamanha sua ignorância! A Santa Sé que você seguia pregava em nome de um suposto Cristo, pregava o ódio e o rancor, torturava fisicamente quem se opunha a ela e supostamente à Lei de seu Cristo. Pregou o medo com intuitos meramente financeiros, fechou os portais do conhecimento para que a grande população somente enxergasse o que vocês que dominavam achavam por correto. Conseguiram metais para toda sua existência e também a de seus familiares, mas não observaram que estavam enganados, pois pregavam um Deus que para alcançá-lo, deveriam eternamente serem escravos de suas próprias Leis, sem falar o que sua Igreja fazia com as mulheres que habitavam na superfície. Mas agora chega, cavaleiro! Iremos ao campo de batalha e, após nosso destino, novamente irei lhe explicar o ocorrido, por momento cale-se!

Coloquei-me novamente ao lado de meu mestre e comecei a aguardar meu destino.

9

O Início da Batalha

Começamos a atravessar o portal que se abriu nos fundos daquele lugar. Coloquei-me seguindo meu mestre; ao sairmos daquela caverna, estávamos no topo da montanha que entramos, mas acredito que pelo lado de trás. Tentei entender o que estava vendo, pois parecia que meus olhos estavam me enganando... A visão era aterrorizadora, a montanha que estávamos findava num enorme Vale, este sem nenhum tipo de vegetação. Toda encosta da montanha parecia mais uma rampa, onde inúmeros seres se enfileiravam para a batalha. Olhei para o alto e vários "homens-morcego" sobrevoavam o Vale com enormes tridentes na mão, emitindo um som ensurdecedor; ao meu lado esquerdo encontrava-se o "Mar Negro" pelo qual passei guiado pelo anão que me acompanhou no início desta caminhada. O mar estava agitado, com enormes ondas que quebravam fortemente na areia, e uma quantidade inimaginável de seres saía dessa água, pareciam humanos, mas com aparência de "peixes", com caras demoníacas e a pele escamada, com várias barbatanas nas costas, e apesar das duas pernas, uma enorme calda de peixe terminava seus corpos. A única semelhança desses "homens-peixe" comigo é que portávamos um tridente como arma de guerra.

Comecei a olhar do lado direito de onde estávamos e observei a presença da criatura meio homem, meio felino que me recepcionou na entrada daquela estranha floresta. O "Homem-Felino" estava sendo seguido por centenas de criaturas semelhantes a sua aparência, só que de tamanho menor. Todos portavam um cajado nas mãos, emitindo uma luz verde-escura.

O vento cortava meu rosto quando começamos a descida da montanha, inúmeros relâmpagos cortavam os céus e o barulho dos trovões era ensurdecedor. A única coisa que achava estranho dessa batalha, comparando com as outras de que antes participei, era o silêncio de nossa tropa e também das demais que nos acompanhavam. Tomamos todo o Vale e à frente das tropas encontrava-se o grande "Homem-Felino", o "diabólico morcego", o iluminado guerreiro com o manto azul a destacar no cenário cinza, marrom e negro, e outra figura que ainda não tinha visto também cabeceava as tropas. Era um enorme Humano, com um manto negro cobrindo todo seu corpo, que balançava com o vento que cortava aquele Vale... Observando mais atentamente o manto que cobria aquele enorme homem, pelo lado de dentro possuía uma cor avermelhada com vários desenhos de estrelas decorando. Em sua mão direita, empunhava uma enorme espada de fogo; juntamente com o guerreiro iluminado, os dois ficaram mais à frente da tropa. Em certo momento, viraram-se de frente para a tropa e levantaram suas espadas, uma de fogo e a outra de um metal muito claro, quase branco. Olhei fixamente aquela cena e tive a nítida impressão que o homem de manto negro cumprimentou-me com um aceno de cabeça... Nesse momento, paramos de marchar e ficamos olhando o horizonte, pois dali acredito que viria nosso inimigo, ou melhor, oponente...

Comecei a observar uma fumaça negra que riscava o horizonte e, ao longe, alguns seres começavam a despontar. Eles estavam muito distantes para que eu conseguisse distinguir a quantidade de oponentes e também se eles possuíam alguma formação que podia nos surpreender, pois nossas tropas só estavam enfileiradas. Não havia nenhum "carro de batalha", nem nenhuma formação especial de defesa e ataque, e isso estava me preocupando... Olhei para o meu lado esquerdo e meu mestre estava olhando o horizonte, nem sequer piscava os olhos ou emitia qualquer tipo de expressão em sua face. As tropas oponentes à nossa frente começaram a se movimentar em formação clássica em "U", fechando qualquer tipo de retirada por qualquer um dos flancos pela nossa tropa; comecei a ficar agitado pela nossa passividade diante daquela situação, meu mestre observou minha inquietude e somente com um olhar fez eu me conter em silêncio. Logo, iniciei minha estratégia caso nossa situação fosse colocada em risco. As tropas à frente possuíam alguns enormes seres que somente tinha ouvido falar e nunca havia acreditado. Eram dois enormes dragões que cospiam fogo, iluminando todo o Vale. O resto dos oponentes eram somente criaturas, mas todas disformes, com os braços desproporcionais aos seus corpos; tinham os olhos esbranquiçados, e a sua frente uma horrível criatura liderava a tropa. Era um ser enorme, sem possuir nenhum tipo de cabelo, com o físico extremamente gordo, com uma enorme massa de guerra em sua mão direita e um enorme animal que parecia um cachorro de formato diabólico segurado por uma grossa corrente pela sua mão esquerda. Um odor fedido tomou conta do lugar e olhando nossos líderes, o gotoso ser começou a esbravejar:

– Guerreiro da Lei, Mestre portador da Espada de Fogo, Mestre da Retomada do Conhecimento, Mestre Transformador Alado, deem-nos passagem para que possamos responder ao nosso chamado, pois uma batalha neste momento não se faz necessário!

O enorme ser iluminado toma a frente de toda nossa tropa e retruca:

– Ser das Profundezas, portador do Mal Imaginário, retorne de onde veio, pois os que estão chamando você logo estarão sob seu domínio tornando sua subida desnecessária. Não queremos a batalha também, mas estamos aqui para o cumprimento da Lei, e como é de sua sabedoria, neste momento sua subida vai contra os princípios da Lei. Logo, volte de onde veio e leve consigo toda sua horda...

Com uma risada irônica nosso oponente discorda:

– Senhores, são responsáveis pela sua "banda", não pela minha, assim a Lei também diz... Logo, vou passar e o Portal para a realidade terrena irá se abrir agora.

Com o levantar da sua massa de guerra, um enorme rodamoinho cai do céu, emitindo uma luz negra que liberava uma densa fumaça cinza que começou a dominar todo o solo daquele Vale. Nesse momento, o guerreiro portador da Espada de Fogo levanta sua espada e grita para nossa tropa:

– Guardiões, cumpram sua missão!

10

O Sintoma da Guerra

Naquele instante, nossas tropas começaram a marchar ritmicamente em direção ao nosso oponente, totalmente em silêncio. Estava confuso seguindo meu mestre, quando observo a frente inimiga: eles que estavam gritando com as armas em punho, com aquele enorme ser a sua frente balançando sobre sua cabeça sua arma de guerra e gargalhando sem parar. Tal situação parecia um sonho. De repente, uma parte da tropa inimiga começa a caminhar em direção ao rodamoinho, e a outra começa a vir em nossa direção. Mas, para meu espanto, nosso exército era mais organizado do que parecia, pois naquele momento, os seres vindos das profundezas marinhas colocaram-se de frente ao tubo que se postava no centro do Vale, e a cada oponente que tentava entrar naquela "estrutura de vento" os "meio homens, meio peixes" impediam com seu tridente. Caminhando agora do flanco esquerdo de batalha, os "felinos" cercavam nossos oponentes por trás. Os "homens-morcego" rodavam Vale abaixo, e em minutos cercamos nosso inimigo... Sem parar de girar sua massa de guerra sobre sua cabeça, que acredito ser o líder da "horda", após uma horrível gargalhada dirige a palavra aos nossos quatro líderes que até aquele momento não tinham participado efetivamente da batalha, pois eles se postaram na base da montanha. À frente o gigante de luz e, enfileirados mais atrás, o "Homem-Morcego", o "Felino" e o "encapuzado", que estava com uma espada de fogo na mão:

– Senhores, sua intervenção é como de costume! Assim, sentirão minha ira!

Sem terminar de gargalhar, nosso oponente lança sua massa de guerra em direção a nossa liderança, e o grande ser da luz é atingido em seu peito, cujo som do impacto ecoava no Vale como uma explosão. A pequena Tropa de Luz que acompanhava o guerreiro atingido, em grande velocidade, caminha em direção ao gigantesco demônio que continuava a gargalhar em nossa frente. O Homem-Morcego e o Felino seguiram também a Tropa de Luz com o intuito de ataque direto ao líder da horda. O Guerreiro da Espada de Fogo caminha em direção ao Guerreiro de Luz e o levanta do chão após o impacto da arma de guerra. Nesse momento, o Felino e o Homem-Morcego encontravam-se um de cada lado de nosso oponente: o Morcego, emitindo uma luz amarelo-escura de seu tridente em direção à testa do inimigo, e o Felino atingindo o peito do diabólico ser com uma rajada verde-escura emitida de seu cajado.

O restante de nós iniciou uma batalha corporal com a horda à nossa frente. Senti-me excitado naquele momento, começando a gritar como no tempo em que liderava meu próprio exército. Corri em direção ao inimigo e comecei a golpear com meu tridente aqueles seres à minha frente... Foi quando percebi que o exército oponente era formado por seres realmente diabólicos, disformes, com os braços desproporcionais ao corpo; sua pele era cinza e sua arcada dentária era totalmente exposta, suas orelhas pontudas, cabelos compridos, sendo todos eles diferentes entre si, por alguns detalhes bizarros.

Após cada golpe de meu tridente um oponente caía diante de mim, e emitia o mesmo sintoma de contrações emitido pelo anão que me guiou até o Homem-Morcego. Nesse instante, senti um forte golpe em meu ombro esquerdo, que me derrubou ao solo... Olhei para meu ombro que estava chamuscado de fogo e uma dor lasciva tomou conta de meu ser. Levantei o mais rápido que pude e comecei a tentar me posicionar novamente na batalha, quando observei que o estranho rodamoinho que ligava o céu cinza ao Vale havia sumido e uma peculiar nuvem formava-se atrás da tropa inimiga. A horda era imensamente maior que nosso exército, e senti naquele momento que estávamos sendo vencidos, pois os dragões que observei no início da batalha começavam a dizimar meus companheiros. Seres menores, que pareciam pequenos cachorros, lançavam redes de batalha capturando nossos soldados e levando-os em direção à nuvem que estava atrás da horda.

Os homens-morcego que sobrevoavam o Vale começaram a atacar os dragões com o intuito de parar a captura de nosso exército. Levantei-me e foquei minhas forças na obstrução dos "cachorros" que carregavam nossa tropa. Meu ato, apesar de instintivo, começou a dar o efeito necessário, pois apesar de nosso soldado ainda ficar ao solo depois de os "cachorros" serem eliminados, a captura de nosso exército tornou-se menor. Sentia meu corpo cansado de tanto batalhar, olhei para o líder de nosso oponente e ele encontrava-se ainda imóvel sob as luzes emitidas pelo Morcego e pelo Felino. Naquele momento, o enorme Guerreiro de Luz estava recuperado, e em claro e bom som, sua voz ecoava em todo Vale:

– Guerreiros, parem! – naquele instante tanto a horda como nosso exército viraram-se em direção ao Guerreiro da Luz, que continuava a professar: – Fui atingido, mas agora recuperado solicito que parem com a batalha, horda das profundezas! Voltem de onde vieram, assim deseja o Senhor da Lei Cavaleiro Marinho!

Desembainhando sua espada em direção ao líder oponente, uma forte luz azul-marinho emitida pela espada ilumina todo o Vale. Nossos inimigos começaram a se encolher de medo e retornaram a toda velocidade para o centro da nuvem cinza. Os "cachorros" inimigos começaram a uivar, e a matilha maligna em seu retorno carregava sempre um de nossos soldados em direção à nuvem cinza. Fiquei destoado tentando impedir aqueles "cães dos infernos", mas minha empreitada era inútil, pois a cada soldado que protegia, dois eram carregados para o centro da nuvem. Olhei os dragões naquele momento, um estava de barriga para cima sendo golpeado intensamente por um homem-morcego que sobrevoava o Vale. O outro estava eliminando fogo pelas suas narinas e carregava em sua boca o outro morcego humano. E sem dar-nos chance de impedi-lo, mergulhou rapidamente em direção à nuvem. O pequeno exército de luz que nos ajudava, naquele instante, tinha capturado nosso oponente que estava preso por corrente pelos braços e pernas. Sua face era aterrorizadora, gritando para que sua soltura fosse imediata... intervenção inútil, pois o exército de luz já havia derrubado o enorme ser ao solo. Caminhando rapidamente em direção àquela cena, o enorme Guerreiro de Luz agarrou o oponente pelo pescoço e sem emitir qualquer tipo de sentimento, disse algumas palavras:

– Ser das Profundezas, portador do Mal Imaginário, por que teima em afrontar a Lei? Sabe que é inútil sua intervenção, sua horda foi dizimada, seus soldados que não fugiram foram capturados, está preso sob meu comando... Os seres da superfície que colocou como solicitadores de vossa presença serão entregues a você no momento necessário como já sabe, mas, mesmo assim, você iniciou esta sangrenta e desnecessária batalha! Agora lhe entrego ao Mestre da Lei Maior, Portador da Espada de Fogo da Justiça Divina, e assim faz-se cumprir a Lei Divina!

Olhando fixamente para o guerreiro da luz, nosso oponente contrapõe:

– Senhor da Lei, Cavaleiro Marinho, cumpri meu intuito e vocês, tolos como são, não entenderam ainda. Capturei quem vim buscar, estou sob suas ordens, mas o guerreiro apreendido jamais será encontrado! – gargalhando, a enorme figura começou a definhar em nossa frente, diminuindo seu tamanho a um quinto do anterior.

Nesse momento o Mestre da Lei Maior, portador da Espada de Fogo da Justiça Divina, levanta sua espada e abre um rodamoinho; enfileirado, seu exército caminha para o centro. Após todos passarem, este se fecha e com um sinal de cabeça o Mestre da Lei Maior se despede do Mestre da Retomada do Conhecimento, que também diz adeus a todos e volta para sua floresta com seu exército dizimado, pois foram os felinos que sofreram a maior baixa. O Mestre Transformador alado também se despede aparentemente abalado. Retorna a sua montanha com seus homens e, antes de o último soldado do Homem-Morcego subir a montanha, o Mestre Transformador alado vira em minha direção e diz:

– Guerreiro, seu mestre pessoal foi capturado! Siga os passos do Mestre da Lei Maior, portador da Espada de Fogo da Justiça Divina, e cumpra seu destino!

11

A Solidão da Caminhada

Olho ao meu redor e todos os guerreiros estão se recolhendo. Os portais de fumaça estão se fechando e o único ser que ainda se encontra no Vale é o encapuzado, que vira em minha direção e me chama ao seu encontro.

Uma estranha angústia toma conta do meu ser. Naquele momento, sinto medo daquele "gigante" na minha frente, tento me controlar e, antes de emitir minhas dúvidas, aquele ser dirige suas palavras até mim:

– General, novamente está no campo de batalha! Lugar este que seus próprios passos o levaram. Participou dessa desnecessária batalha, perdeu seu mestre pessoal, encontra-se confuso e com medo. Agora, tem início sua jornada de aprendizado, e irei acompanhá-lo por estes caminhos até que você execute sua missão. Nada tema, está comigo! Está agora livre para indagar-me sobre suas dúvidas.

Olhando adimirado aquele ser, tudo ficou ainda mais confuso, pois foi a primeira vez desde o dia em que caí no abismo que fui tratado com igualdade. Não fui agredido, mas respeitado de forma amigável. Assim, aproximo-me ainda mais daquele amistoso ser e o questiono sobre minhas dúvidas:

– Senhor, o que houve aqui nesse lugar? Por que vim parar neste "inferno"? Qual foi o real motivo dessa batalha? Quem é meu mestre pessoal, e por que o perdi? E pergunto ainda mais, por que fui culpado de sua captura?

Gargalhando de forma até agressiva, aquele enorme ser me observa e, balançando a cabeça num sinal de negação, me responde:

– General, vamos com calma sobre seus anseios e suas dúvidas. Tudo será respondido conforme seu merecimento. Iniciaremos agora a tentativa de esclarecer alguns fatos. Você, na sua ingenuidade, me perguntou por que veio parar neste "inferno"... pois bem, vamos no momento nos ater somente a esse fato – observando-me bem nos olhos, continuou: – Onde está não é o "inferno", pois esse inferno que você coloca deve ser aquele ensinado pelos seus padres, que projetaram todos seus medos num lugar aonde o fiel iria, caso este não se subjugasse às ordens de sua igreja... – gargalhando, continuou: – Você passou, até agora, por vários estágios da existência humana, e foi totalmente responsável pelo lugar aonde veio parar após seu desencarne!

Buscando interromper aquele ser, numa tentativa de tentar entender o ocorrido, coloco mais uma indagação:

– Senhor, então realmente estou morto? – disse-lhe de cabeça baixa.

Com o semblante ainda mais sério, colocando sua enorme mão em meu ombro esquerdo, o ser continua sua explicação:

– General, pobre General, como quer saber tudo que ocorreu, se ainda não tem nem a simples certeza de seu desencarne? Temos muito que conversar, pouco tempo para agir, e não podemos esquecer a sua missão de resgatar seu mestre pessoal. Logo, proponho que continuemos nossa conversa, mas agora caminhando em direção ao nosso destino. Assim, vamos aos preparativos para nossa jornada.

Entendendo as palavras colocadas por aquele ser, fico em silêncio aguardando o que esse novo acompanhante de viagem irá me solicitar. Observo aquele enorme ser diminuir de tamanho à minha frente, cena esta que me deixa novamente apavorado. E quando o senhor diante de mim fica do mesmo tamanho que um homem comum, ele me dirige a palavra novamente:

– General, vista este manto negro, pois ele irá lhe proteger das intempéries deste lugar... e também de cargas negativas que não lhe pertençam! Deixe neste lugar o tridente que seu mestre pessoal lhe presenteou... dou-lhe agora este novo instrumento de batalha, para que efetuemos nossa caminhada de forma mais adequada.

Após a colocação do manto, observo o ser à minha frente que desembainha uma espada; sua lâmina era totalmente constituída por uma chama forte, a qual, o homem apontando para o alto e proferindo algumas palavras que não compreendi emetiu uma luz intensa que começou a projetar daquele instrumento de guerra, e dificultou minha observação direta. Logo, a espada se dividiu em duas que aparentemente possuíam as mesmas características, pois a luz projetada agora era o dobro da anterior. Entregando essa arma para mim, o senhor à minha frente coloca algumas observações:

– General, esta é a Espada de Fogo da Lei e da Justiça Divina, instrumento utilizado para a execução da Lei! Seu uso será observado por todos os Cavaleiros da Lei, tanto no Embaixo quanto no Alto. Logo, tem a responsabilidade sobre esse instrumento, pois no momento certo de seu uso, seu coração irá com certeza lhe ensinar a correta utilização. Assim, ouça sempre a voz de seu coração, nunca a voz de sua razão para a utilização desse instrumento...

Agradeci ao senhor à minha frente, somente com um sinal de cabeça de forma positiva, e dei a compreender que estava à disposição para as suas ordens. Entendendo minha postura, o senhor propõe nossa caminhada apenas com um aceno de mão. Logo começamos nossa jornada, que para mim era algo extremamente diferente, pois não sabia quais os motivos dela, tampouco as razões que me levaram a essa situação. Tomei como estratégia pessoal esse silêncio, pois sentia em meu coração que o silêncio era minha melhor postura naquele momento. Logo, seguindo meu novo guia, começamos a descer o vale em direção a sua outra extremidade.

Após o que acredito ser uma tarde de caminhada, totalmente em silêncio, chegamos ao outro lado do Vale, lugar que creio ser onde os nossos oponentes fugiram por aquela sinistra cortina de fumaça. Nesse momento, meu guia solicitou nossa parada e, dirigindo a palavra a mim, observou:

– General, sentemos! Temos muito que conversar e este é o momento certo para que você tire suas dúvidas sobre os fatos ocorridos até agora. Se desejar, pode indagar o que seu coração solicitar.

Admirado com aquele ser em minha frente, agradeci somente com um sinal de cabeça e sentamos em duas pedras que aparentemente estavam colocadas em um lugar inspirado para a nossa conversa; iniciei minhas solicitações:

– Senhor, humildemente lhe agradeço a oportunidade e coloco que tenho sim algumas questões que estão me deixando inquieto, pois ainda não sei se meu corpo tomou a loucura, ou realmente vim parar no "inferno". Mas, em primeito lugar, lhe pergunto, senhor, qual seu nome?

Olhando diretamente nos meus olhos, aquele ser com um olhar severo começou a proclamar:

– General, tenho sim um nome, este que me indentifica pelos tempos, assim como você o tem também. Nossa passagem terrena nos identifica por meio de nomes terrenos para que possamos ser identificados com nossos iguais, mas nossos nomes eternos sempre estarão conosco. Mas, neste momento, meu real nome no "astral" nao poderei revelar, mas aponto que essa nomenclatura é efetuada numa língua já há muito esquecida no plano terrestre e que somente nas "esferas astrais" é utilizada. Nosso nome revela nossa linhagem pelo tempo, até mesmo nossa missão nos "campos celestiais", bem como nossas fraquezas... Assim, não revelamos esse nome a qualquer ser que nos solicite, mas temos como procedimento, General, revelar um nome simbólico que revela nossa "faixa vibratória", bem como nossa responsabilidade perante a Lei. Logo, você pode dizer a todos e se dirigir a mim como o "Mestre da Lei Maior, portador da Espada de Fogo da Justiça Divina". Entendo que o tamanho dele irá prejudicá-lo em algum momento, portanto, pode me chamar assim que quiser de "Guardião dos Caminhos"!

Admirado com a clareza daquele ser à minha frente, indago-lhe novamente, pois meu maior medo naquele momento era que aquele senhor diante de mim mudasse de ideia não respondendo mais minhas perguntas e, ainda mais, me penalizando de forma dolorosa como fui penalizado até agora toda vez que, por algum motivo, indagava a alguém ou solicitava algo.

– Guardião dos Caminhos, estou realmente morto?

Aquele ser solta uma gargalhada descomunal e dirige a palavra a mim:

– General, a morte como vocês conhecem não existe. Você somente está desencarnado, mas ainda é o mesmo ser que habita este planeta há milênios e habitará o universo por todo a eternidade, como todos que estão por aqui também.

Continuando o diálogo, indago-lhe novamente:

– Guardião dos Caminhos, corrija-me se eu estiver errado, por favor! Então, eu desencarnei e alcancei a vida eterna no "inferno"... onde estão os anjos? Lutei toda a vida para a Santa Sé, e após meu fim vim parar neste "inferno", guerreando novamente, não alcançando a paz que me foi prometida! Ajude-me, senhor, a entender o que me acontece!

Olhando agora de forma mais severa, o senhor à minha frente novamente se dirige a mim:

– General, vamos por partes para que seu ensinamento seja de forma perfeita! Logo, apontarei alguns fatos com o intuito de lhe explicar o que lhe aconteceu até este momento. Em primeiro lugar, seu "fim" não chegou e nunca chegará, pois é um ser eterno criado pelo "Pai" no início dos tempos, e vem desde lá tentando cumprir sua missão a fim de se adequar perante os ditames da "Lei". Então, General, entenda que é um ser constituído de Espírito e Alma, portanto, eterno. A carne que foi o invólucro desta sua passagem terrena serve somente como veículo de seu espírito e de sua alma no plano terrestre. Em segundo lugar, você lutou somente em seu próprio benefício e usou a sua suposta Fé para acobertar suas barbáries perante as pessoas que cruzaram seu caminho, pois viveu toda sua encarnação em campo de batalha por escolha própria. Fez vários oponentes nesta sua caminhada terrena, e também "vibrou" relacionamentos com seres afins daquela situação. Nada mais justo que após sua passagem para os "campos eternos", novamente continuasse com sua melhor aptidão que é viver em campo de batalha. Lembre-se sempre, General, a "Lei" que rege o Universo é justa e você tem o direito de respeitá-la ou não. Logo, terá realmente o que desejou... Se desejou toda sua existência terrena ser um "guerreiro", viver em campo de batalha, usurpar das pessoas mais frágeis, ocultar seus atos por uma Fé que nem sabe direito que possui e em nenhum momento não escutar a voz de seu coração... General, estais onde realmente desejou em toda sua existência terrena, somente com uma única diferença: neste lugar não há a possibilidade de ocultar seus sentimentos ou de mentir em relação a sua pessoa! Logo, é aqui o que realmente desejou em toda sua existência terrena, um ser mesquinho que sofreu por seus atos, um ser covarde que se ocultou atrás de uma religião para alcançar o que aspirava naquele momento: metais preciosos, poder e uma suposta possibilidade de que sua história seria lembrada por toda eternidade...

Boquiaberto e segurando um choro que emanava do íntimo de meu ser, continuei nossa conversa:

– Guardião dos Caminhos, deixe-me entender melhor e novamente me corrija se houver necessidade, por favor! Sou um ser constituído de Alma e Espírito, que utilizo um veículo carnal somente em minha estada na crosta terrestre, como disse. Logo, meu senhor, se sou eterno, onde estão as lembranças de minha eternidade?

Gargalhando novamente, o ser à minha frente volta a proclamar:
– Suas lembranças estão dentro de seu ser, nunca lhe foram tiradas, mas como disse anteriormente, o que ocorre é que no momento de sua reencarnação sua memória eterna por meio de uma intervenção divina é colocada em repouso, pois somente não se lembrando de quem realmente é, e de sua real missão de encarnado, sua chance de evoluir não seria corrompida.

Continuando:
– Guardião dos Caminhos, se desencarnei e vim parar neste lugar por merecimento de minha última jornada terrena, onde estão minhas memórias?

Ele respondeu:
– General, suas memórias ainda estão em repouso dentro de você, pois você ainda possui uma postura de encarnado, e somente quando entender do fundo de seu coração sua passagem nesta "esfera", terá retomada sua milenar lembrança.

Indignado com as colocações do ser à minha frente, mas realmente entendendo que tudo aquilo que aquele senhor dizia fazia sentido, continuei meu questionamento:

– Guardião dos Caminhos, onde estou e quem é o senhor?

Gargalhando agora com um tom engraçado, continuou:

– General, como disse anteriormente, está no lugar que desejou em toda sua passagem pela Terra. Está com seres que possuem sua mesma postura, General. Logo, todos aqui estão para purgar fatos ocorridos em sua encarnação, pois a "Lei" é extremamente justa, e lhe está dando oportunidade e a todos que estão aqui de entender o ocorrido em suas vidas e galgar seus passos agora em direção da "Lei", e sua próxima pergunta, questionando-me quem sou... – gargalhando de forma aterrorizante – sou um amigo seu de milênios, cumprindo minha missão. General, você é um ser com vários vícios e defeitos, mas não é desprovido de raciocínio! Logo, pense em tudo que lhe disse e monte a "paisagem" de sua vida, responda do fundo do seu coração quem é e o porquê de sua estada neste lugar, e tente entender minha presença. Garanto-lhe que conseguirá compreender minha presença e começará a retomar suas lembranças e, no devido tempo, essa sua dúvida será sanada.

Continuando:

– Guardião dos Caminhos, diga-me sobre a batalha que houve. Descreva-me a necessidade dessa batalha e qual a causa da missão que me foi colocada de resgatar meu "mestre pessoal".

Olhando-me profundamente nos olhos, falou:

– General, como anteriormente disse, continua no campo de batalha porque foi o que realmente desejou do fundo do coração. Por toda sua passagem terrena, a maioria dos seus companheiros de batalha, sejam eles oponentes ou parceiros, encontra-se aqui em algum lugar, pois todos possuíam afinidades e ideais iguais quando encarnados. Logo, nada mais justo que após a "passagem" todos vocês continuem executando o que sempre fizeram ou que desejaram fazer. Em relação ao propósito da batalha, gostaria que observasse alguns fatos para melhor ilustrar este ensinamento. Acredito que a esta altura você já entendeu que a postura do povo que vive na crosta terrestre está no mínimo confusa. Vocês praticam uma Fé sem propósito, matam por ela, conquistam, usurpam, imaculam o ódio, por uma suposta Fé que lhes é imposta desde a tenra idade, nunca conseguindo entender os diferentes. Assim, os eliminam da forma mais cruel possível. Observando ainda um pouco mais, General, entendo que todos se atraem pelas afinidades demonstradas no fundo da alma, e é claro que essa afinidade existe em todos os planos da existência. Logo, pela postura apresentada pela maioria dos encarnados, alguns seres "trevosos" estavam sendo atraídos para o plano terrestre. Por ser essa postura contra a "Lei", portanto, efetuamos o impedimento da única forma que os seres "trevosos" entenderiam, que é a de batalha, e vocês, como cultivaram este perfil, participaram dela também. Em relação ao seu mestre pessoal, ele é um espírito que possui as mesmas afinidades que você, só que com um entendimento maior sobre a "Lei". Logo, ele foi designado pela "Lei" para instruí-lo nos primeiros passos deste plano, mas também por perfis de afinidades e por alguns fatos ocorridos num passado longínquo. Ele foi capturado por um oponente; dessa forma, nada mais justo que tente este resgate, sendo para você uma grande oportunidade de entender os ditames da "Lei", sem contar que seu aprendizado será ainda mais aproveitado.

Observando a inquietude do meu amigo pelo tempo que estamos nesta conversa, tento colocar um fim a este diálogo:

– Senhor Guardião dos Caminhos, acredito que compreendi alguns fatos que me ocorreram e outros que ainda irão ocorrer, mas temo pela integridade do meu mestre pessoal. Solicito que nossa caminhada seja continuada o mais rápido possível.

Gargalhando, o senhor à minha frente se levanta:

– General, os ditames do tempo ainda não são de sua compreensão; logo, não se preocupe, pois não será o tempo o carrasco de seu amigo, mas a sua caminhada não executada na forma da "Lei". Contudo, já é hora de continuarmos sim nossa caminhada, e não faltará oportunidade de lhe passar alguns ensinamentos que ainda causam algum tipo de desconforto ao seu coração. Entretanto, para terminar este assunto, concedo-lhe mais uma questão.

Agradecendo com um sinal de cabeça, reviro minha mente para não perder esta oportunidade, e dirijo-me ao senhor como um adolescente:

– Senhor Guardião dos Caminhos, há quanto tempo efetuei meu desencarne, minha passagem?

Observo certa curiosidade daquele senhor sobre minha pergunta, mas, prontamente, sua resposta vem como uma lâmina que atravessa meu coração, e de forma impiedosa ao meu ver aquele ser levanta, começa a andar e diz somente algumas palavras:

– Cinquentas anos dos passados no plano terrestre. O tempo por aqui é muito vago, meu amigo, logo ele "caminha" conforme o merecimento de cada um.

Chocado, não consegui esconder minha tristeza, pois se passaram 50 anos desde aquela horrível batalha, todas as pessoas que conheci ou amei também não estão mais vivas! Minha esposa querida que tanto amei, meus filhos cuja sua formação não participei, pois quando não estava no campo de batalha, estava arquitetando nova investida em parceria do clero. Nunca consegui tempo para acariciar meus filhos, e em relação a minha amada, também acredito que além de amá-la demais, a utilizava como um objeto de prazer, nunca pedi nem deixei que ela falasse sobre seus sentimentos, somente a acariciava e furnicava como um animal no cio... quanto tempo perdi! Lembro também do padre de nossa catedral, homem este que apoiei e o fiz alcançar os Altos Graus perante o clero... matei, enganei, subjuguei nossos oponentes, usei toda minha influência de General com o intuito de que esse padre alcançasse um lugar de merecimento e que, como pagamento de minha devoção, me colocasse num lugar do Paraíso digno de minha pessoa, de minha devoção e de meu cargo de General da Santa Sé! Mas agora observo que estava totalmente enganado sobre o que é "Paraíso", sobre o que é "Inferno", pois conforme as palavras deste Guardião, é preciso entender algumas coisas que ainda não compreendi, que temos somente um reflexo de nossa vida terrena no pós-morte.

Tentando esconder meu sentimento de tristeza, começo a seguir o Guardião dos Caminhos nesta nova jornada.

12

A Taberna

Seguindo aquele Guardião, o único ser que até aquele momento me tratava como amigo, começamos a atravessar a colina onde o exército oponente tinha desaparecido naquela fumaça estranha. Chegando ao seu cume, consegui observar toda a região que me cercava. Olhando para trás, vi a grande montanha, morada do senhor Morcego; à direita, o Grande Mar Vermelho, lar dos Homens-peixe; e à esquerda, observo a Grande Floresta de árvores secas. Ao longe, como se me espiase, o Gigante Felino se postava com seu cajado e, naquele momento, uma luz irradia desse iluminando com um facho verde-escuro até o céu. Observo o Guardião ao meu lado, que com um simples aceno de cabeça, solicitou que continuássemos andando. À frente, noto uma visão que no mínimo era intrigante. Vejo uma vegetação rasteira, seca, que vai até onde a vista alcança, onde se seguiam vários caminhos que, aparentemente, se encontravam ao longe, e à frente me parecia uma aldeia ou vilarejo. Observo meu amigo e, indagando-lhe com os olhos, dou-lhe um sorriso, e este também sorrindo discretamente me responde:

– General, agora começa seu aprendizado para o resgate do seu mestre pessoal! Observe tudo, preste muita atenção, pois cada detalhe será de suma importância para desvendar como você irá efetuar o resgate. De agora em diante, iremos nos dirigir até aquela cidade ao longe, e gostaria de chegar antes que a luz que ilumina nosso caminho desaparecesse.

Consenti com um simples aceno de cabeça e aceleramos o passo, com o intuito de chegar até nosso destino como meu Guardião solicitou.

Após algumas horas chegamos às portas desse vilarejo. A luz que iluminava nosso caminho estava desaparecendo, era como o Sol, mas fixo, não se punha no horizonte, somente sua luz diminuía...

Observando os portais do vilarejo, percebi que este se assemelhava às pequenas cidades ao sul da península, onde meu antigo exército passava rumo ao oriente. Havia portões altos de madeira, cercados por muros de pedra com observatórios em suas "esquinas", bem como um observatório bem acima dos portais. Toda essa paisagem era de uma cor acinzentada e, ao fundo, sentia um pequeno e fétido odor que envolvia o ambiente. Senti, naquele momento, minha espinha arrepiar como um sinal de alerta. Meu Guardião cobriu a cabeça e golpeou por três vezes a porta em nossa frente, e por instinto, coloquei minha mão no cabo de minha espada... foi quando após um estalo de madeira, ouvimos uma rouca voz a gritar em nossa direção:

– Viajantes, como é de praxe, indagarei-lhes somente uma única vez! Logo, sejam precisos em suas respostas, caso contrário, não poderão adentrar em nossa cidade! Portanto, respondam-me rapidamente, quem aí bate, o que querem em nossa cidade?

Meu Guardião estava sério como nunca havia observado, seu semblante denotava até uma pequena feição de raiva, mas calmamente ele obedece à voz que emanava da parte de dentro do vilarejo:

– Quem aqui solicita é o Mestre da Lei Maior, portador da Espada de Fogo da Justiça Divina! Queremos abrigo para o período do escuro para que, no próximo ciclo iluminado, possamos prosseguir nossa caminhada.

Um silêncio descomunal tomou conta do lugar, meu amigo ao lado não tirou os olhos daquela porta e, após alguns minutos, o orador atrás do muro emite a resposta:

– Sua entrada foi autorizada, mas sabeis desde agora que sua estadia será até o próximo ciclo luminoso! Ordeno-lhes também que somente observe, não interfiram em nada que acontece neste lugar.

Naquele momento, ouviu-se um barulho de tranca desfazendo-se, e um rangido alto de madeira indicou que o portão diante de nós estava se abrindo. O Guardião toma a frente e começa a adentrar naquele vilarejo. Logo, comecei a segui-lo e a tentar observar cada detalhe que me rondava.

Observo que o solo daquela cidade era todo edificado por pedras, facilitando nossa caminhada. À frente da passagem, abria-se um largo no qual ao centro estava um palanque para que alguma pessoa falasse aos moradores daquele local; ao fundo vielas cortavam a paisagem e pequenas casas se aglomeravam. O odor ruim sentido do lado de fora tornou-se cada vez mais forte. Colocamo-nos ao centro daquela estranha praça e esperamos que algum tipo de anfitrião pudesse nos receber.

Seguiram-se alguns minutos e observamos passos a marcar o solo em nossa direção. Continuamos quietos aguardando nosso destino, e uma imagem feminina se colocou à nossa frente observando-nos; após alguns minutos, dirigiu-nos a palavra:

– Visitantes, sabem onde estão? O preceito de não influenciar em nada no que acontece neste lugar deverá ser cumprido à risca como diz a "Lei"! Solicito, então, que me sigam, pois irei levá-los até um lugar onde é permitido que os visitantes fiquem. Nesse local haverá alimentos se quiserem, bem como um repouso se houver necessidade.

O senhor que me guiava, abaixando a cabeça, dirige a palavra até aquela mulher:

– Agradeçemos sua cordialidade em nos dar abrigo por hoje! Com certeza não iremos nos intrometer em nada, e assim que o novo ciclo de luz raiar, continuaremos nossa viagem...

Consentindo com a cabeça, a mulher à frente vira-se de costas e começa a andar. Sem perder nenhum tempo, começamos a segui-la sem qualquer tipo de indagação para onde ela iria nos levar.

Andamos alguns minutos e nos colocamos à frente de uma edificação que se assemelhava às tabernas da cidade onde eu e minha família morávamos. Sem qualquer protocolo, a mulher abriu a porta e adentrou o recinto, e nós sem qualquer tipo de cerimônia também imitamos seu ato.

Dentro daquela edificação, observo que era realmente uma taberna e várias pessoas bebiam, fumavam e se divertiam. Observo meu amigo ao lado que, abaixando a cobertura do seu manto da cabeça, olha profundamente nos olhos daquela mulher.

– Senhora, agradeço novamente à sua recepção. Sua cidade é famosa por ser compreensiva com viajantes, mas nunca pensei que era dessa forma, com tanta alegria e aconchego.

Gargalhando, a mulher retrucou a colocação de meu amigo:

– Senhor, somos sim bons anfitriões; nosso aconchego é muito famoso, mas como é regra aqui nesta cidade, terei de acompanhá-los por este ciclo. Mas agora o momento é de descanso, alegria e distração! Vamos, sentemo-nos em alguma mesa, pois uma dama como eu também tem sede. Espero que vocês não deixem sua anfitriã acanhada no centro desta taberna, com sede e de pé.

Olhei meu senhor e, admirado com aquele lugar, abaixei minha cabeça até com uma certa timidez. Escutei uma gargalhada que saiu de forma espontânea do meu amigo e, a seguir, sua voz:

– Senhora, de maneira alguma iremos ser indelicados com sua pessoa. Sentemo-nos no lugar que mais lhe agradar e peça o que sua sede e sua fome solicitam neste momento.

Caminhamos até uma mesa localizada ao lado direito do bar, de frente a um balcão, onde pessoas sozinhas se encostavam para beber e tentar conversar um pouco com outras que, por ventura, conseguissem efetuar qualquer tipo de contato.

Estávamos sentados em uma mesa de madeira rústica, móvel que lembrava as antigas tabernas do noroeste de Gales, lugar frio mas aconchegante. Ao fundo dessa taberna, uma deliciosa lareira queimava até de forma agressiva, mas o lugar permanecia com uma temperatura agradável, diferentemente do ambiente que estava do lado de fora da taberna. Esse móvel em que estávamos sentados era quadrangular, com a medida em torno de uma braça de largura e outra de comprimento. Sentei-me de frente para o balcão, à minha esquerda estava meu guia nesta caminhada e, à minha direita, nossa anfitriã, que com um lindo sorriso iniciou nossa conversa:

– Amigo Senhor dos Caminhos, e você, meu jovem, o que fazem nestas redondezas?

Meu amigo, tomando a frente, complementou:

– Estamos seguindo rumo aos "Grandes Lagos". Temos de encontrar alguns amigos e efetuar uma empreitada até um nível inferior, a fim de localizarmos o mestre pessoal de nosso companheiro aqui. Por que a indagação, minha jovem?

Gargalhando, a mulher olhou para mim e voltou a falar com meu amigo:

– Curiosidade, senhores, curiosidade, pois pelo que sei o Senhor dos Caminhos é muito ocupado, viajando sozinho com somente um companheiro, deixando seu lugar sob o comando de um "segundo"... somente com o intuito de resgatar um mestre pessoal de mais um pobre homem, que por uma vida desregrada, desgraçadamente, caiu neste nível... causa-me muito espanto, senhores!

Espalmando suas duas mãos sobre a mesa, e olhando fixamente nos olhos da mulher à sua frente, esbravejou meu companheiro:

– Mulher, a respeito pelo lugar que toma, e sou grato pela sua hospitalidade, mas em momento algum lhe dei a liberdade de me indagar sobre meus afazeres ou meus interesses em pessoalmente guiar este homem. Como todos neste nível, tenho meus afazeres e minhas obrigações, e por mais que a espante, tenho meus desejos também. Logo, solicitei à Lei que me desse a honra de pessoalmente instruir este meu amigo, pois com certeza ele será útil à minha evolução e, por consequência, à evolução dos meus, bem como a de todos que nos seguirem. Mulher, coloque-se no seu lugar, pois com ou sem você, com certeza irei cumprir minha caminhada.

Novamente olhando para mim e gargalhando, a mulher continua suas palavras:

– Senhor, acredito sim em seu poder e respeito demais o seu mistério, mas está em meu lugar! Logo, terá de efetuar minhas vontades também, pois sabei que não estou com vocês por acaso, tenho também meu querer em efetuar minha hospitalidade a vocês. Porém, com a permissão da Lei, posso com certeza indagá-los o quanto eu quiser sobre o que quiser, ainda mais em meus domínios! Senhor, não me provoque!

O silêncio tomou conta daquela mesa, pois seriamente os dois seres à minha frente ficaram num silêncio seprucal. Entreolhando-se de forma agressiva, não entendendo muito o que ocorria naquele momento e tomado por um misto de lealdade ao meu amigo e puro medo do desconhecido lugar em que me encontrava, tomei a frente do diálogo:

– Amigos, acredito que já que sou o responsável por esta empreitada, pela solicitação de abrigo e pela pequena discussão de vocês, tomo a frente para vocês dois me escutarem! Estou cansado de caminhar, cansado de passar por situações e não entender nada, e agora que me vejo num lugar onde uma pequena demonstração de humanidade aponta, meus companheiros começam a discutir por causa da minha pessoa! Peço encarecidamente que parem! Estou com sede, vou pedir algo ao taberneiro e solicito que vocês dois me acompanhem nesta bebida. Logo, por favor, digam-me, o que bebem?

Boquiabertos, os dois a minha frente começaram a gargalhar e, olhando para mim, a mulher começou a me responder:

– Então é verdade que ainda não perdeste sua coragem forjada nos campos de batalha! Logo começo a entender o interesse do senhor dos Caminhos em lhe acompanhar pessoalmente neste seu aprendizado! Ganhou minhas considerações e meu respeito nobre amigo, pois em suas palavras, além de demonstrar coragem, demonstrou também compaixão por nós! Alegro-me e atendo ao seu pedido, vamos nos divertir hoje e, amanhã, continuaremos nossa conversa. Concorda, Senhor dos Caminhos?

Gargalhando, meu amigo responde:

– Como disse no início de nosso encontro, agradeço à sua hospitalidade e lhe faremos companhia da forma mais agradável possível.

Rindo, a mulher em nossa frente num só movimento se levanta e grita ao taberneiro:

– Senhor taberneiro, sirva-nos sua melhor bebida! Solicito música, também quero dançar – pegando em minha mão, puxa-me ao centro da taberna.

Olhando tudo em minha volta e observando o sorriso de meu amigo, que a cada momento ficava mais longe e se perdia no meio dos outros frequentadores do lugar, um sentimento de alegria toma conta de meu ser. Rapidamente, um senhor forte aparentando ser sexagenário aproximou-se de mim e deu-me uma caneca que exalava um forte odor de bebida.

Rapidamente a levei à minha boca, e descrevo que seu sabor me agradou muito, pois independentemente do forte álcool que a bebida possuía, seu sabor era agradável e indescritível, muito diferente das bebidas que até então me foram apresentadas.

Uma música alta toma conta do ambiente, e o som das pessoas gargalhando e se movimentando na taberna começou a me confundir... podia ser o reflexo da bebida que tomava... Tirando a caneca de minha mão, nossa anfitriã me beija rapidamente nos lábios e, segurando minha cintura, gargalha e me dirige algumas palavras:

– Amigo! Dance comigo, fale-me seu nome, vamos nos divertir!

Não entendendo o beijo que me foi roubado, respondo rapidamente:

– Com certeza, tenho o desejo de dançar com você. Pode me chamar de General, e qual seu nome, minha amiga?

Gargalhando, ela me responde:

– Todos me conhecem como Maria. A minha função na Lei é de dar o desejo aos viajantes de atravessar as passagens merecidas, logo, me chamam de "Maria das Passagens". Somente lhe peço que não observe minhas roupas, pois apesar de se apresentarem como velhas e rasgadas, elas são tudo que mereço e de que necessito neste momento.

Olhando no fundo de seus olhos, roubo agora um beijo de minha anfitriã e digo-lhe:

– Maria, não reparo nada, só observo e tento aprender, mas agora acredito que o momento seja de diversão e não de observação.

Gargalhando novamente, minha anfitriã pega em minhas mãos e começamos a dançar; nós dois rodopiamos no centro daquele lugar, onde a música era alta e o calor humano que há muito tempo não sentia inundava o ambiente. Meu amigo de caminhada somente me observava, e de forma bem discreta, ainda sentado na mesma mesa que chegamos, continuava a beber.

Após algumas horas, acredito que por causa da dança frenética que eu e minha parceira desempenhávamos, e a grande quantidade de bebida ingerida até aquele momento, meus instintos estavam comprometidos e meu modo de andar já não era como antes... Embriagado, solicitei a Maria para que sentássemos um pouco com meu amigo.

Agora sorrindo de forma fraternal, soltando por um instante minha mão, graciosamente ela diz:

– Nobre General, alegro-me por ter arrancado de seu semblante este sorriso de satisfação e estes momentos de alegria! Sim, sente-mo-nos por alguns minutos para recuperar nossas forças e também nosso juízo! Abrace-me nos ombros, General, não deixarei o senhor cair neste estado...

Atravessando meu braço pelo seu pescoço, senti o calor daquela mulher que me tratava com carinho. Ombros fortes como de um homem, mas sem perder sua feminilidade, uma mulher encantadora, cujo o olhar penetrante sempre fazia com que minha cabeça abaixasse; seus cabelos negros como a noite contrastavam com sua pele extremamente clara, seus fartos seios contidos naquele simples vestido completavam uma das mulheres mais bonitas que meus olhos haviam apontado. Percebendo minhas observação em seu corpo, após minha amiga me sentar novamente ao lado do Mestre dos Caminhos, sorrindo, me dirigiu a palavra:

– General, não é porque caímos e que vivemos neste lugar que não somos vaidosos e não gostamos de um elogio sincero. Observei seu olhar para minha pessoa, isso com certeza me deixa muito feliz, General! Ainda somos humanos, apesar de tudo; somente estamos num lugar que você ainda não compreende, mas que aos poucos a clareza tomará seu juízo. Não se preocupe ainda, é também um belo homem, e com certeza me atraio também pela sua pessoa, quem sabe um dia, você lembrará realmente quem sou. Mas, por enquanto, vamos nos divertir! A noite só está no começo, temos ainda muita música e dança a nos esperar... Fora a bebida que nos aquece, com certeza teremos uma noite de amor para recompor nossas energias...

Boquiaberto com a sinceridade daquela mulher, apesar de meu estado de embriaguês, tento responder:

– Senhora, realmente estive a admirá-la, é muito bonita e seu corpo tem um formato que nenhum homem digno na Terra negaria uma noite de afeto! Sua sinceridade ao falar me aflige, não quero e acredito que não deva... mas tudo aqui é muito estranho, desde minha chegada até o fundo do abismo, até este momento que novamente me sinto um homem, muitas coisas aconteceram, mas nunca esperava que uma mulher linda como você iria beber comigo, me conduziria na dança e ainda mais, sem nenhum tipo de pudor, me convidaria para uma noite de amor! Senhora me desculpe, mas estou adorando este lugar – termino minha frase gargalhando e colocando um pouco mais de bebida em meu copo.

    Observo meus amigos se entreolhando e dirigindo a mim uma sonora gargalhada, que até me constrangiu, mas em momento algum eles me criticaram pelo que eu havia dito ou pensado. Novamente estávamos, eu e minha companheira, nos beijando, bebendo e dançando no meio daquela taberna, cercados de seres que meus olhos nunca haviam apontado, homens e mulheres parecidos conosco, seres que eram metade homem, metade uma serpente, homens e mulheres caveiras e outros seres que descrevê-los, para mim, seria impossível... porém o que mais me estranhava naquele momento era que todos naquele lugar estavam em harmonia, um clima de respeito pairava no ambiente. Sentia-me seguro e todos naquele local se respeitavam a seu modo.

    Passadas mais algumas horas, a porta que adentrava naquela taberna se abre de uma forma bruta, fazendo com que todos olhassem para sua direção. O clima sereno daquele lugar torna-se denso, e um odor ácido tomou conta do ambiente... Sem saber o que acontecia, olhei para minha companheira, que após a música parar, retirou o copo de minhas mãos e falou:

    – General, nem tudo neste lugar é paz, ou melhor dizendo, a maioria das coisas por aqui é densa e desagradável; logo, como é novato neste ambiente, peço-lhe que sente com seu amigo, pois as coisas por aqui podem sair do controle.

    Consentido com minha cabeça e olhando em direção à porta, observo um enorme ser adentrar naquele ambiente; era um homem de pele negra, extremamente forte, mais alto que meu companheiro de caminhada e trazia consigo um machado de duas lâminas. Após sua passagem, duas criaturas que acredito tenham saído do meio dos "infernos" o seguiam. Dois seres metade lobos, metade homens, babando e rosnando, colocavam-se ao lado daquele imenso ser que batia com sua cabeça nas madeiras que sustentavam o telhado da taverna. Este, olhando para os lados com uma voz rouca que gelou meu coração, gritou para todos ouvirem:

— O que houve, vermes? Por que o silêncio, a festa de vocês ouvia-se ao longe, quero me divertir também! Por que pararam? Taberneiro, quero beber! Continuem a música, quero companhia e uma bela noite de prazer! Guardas posicionem-se nesta porta! Somente entrará e sairá quem o "Senhor do Fracasso" desejar! — e termina com uma fúnebre gargalhada.

Logo, a música volta ao ambiente, e as pessoas retomam seus afazeres e a sua diversão. Sentado ao lado de meus companheiros, indago ao meu amigo:

— Senhor, conhece este homem? Quem ele é, o que deseja, por que todos têm medo de sua pessoa?

Olhando firmemente em meus olhos, meu companheiro profetizou:

— General, agora é o momento de você ficar em total alerta! Esta noite separará as "crianças" dos "adultos"! Este ser à frente é um dos possuidores desta província, ele faz contraponto com vários outros seres com o intuito da evolução em nome da Lei. O "Senhor do Fracasso" se contrapõe com a "Senhora das Virtudes", ser este que agora repousa merecidamente. Para a Lei, o Senhor do Fracasso é uma entidade responsável pela demonstração dos seres que o cercam de suas maiores frustrações, responsável por penalizar de forma extremamente agressiva quem por ventura acredita que promover o fracasso alheio é um meio de conseguir "metais" ou qualquer outra matéria que de forma errônea foi colocada para os encarnados como "Norte" de evolução pessoal. Esse ser sabe de nossa presença e, com certeza, irá nos afrontar com o intuito de observar nossa reação. Assim, General, energizo esta bebida: tome-a em um único gole... esta operação possui o intuito de que volte ao seu estado de alerta, e os resíduos de letargia causados pela bebida alcoólica sumam definidamente. General, não desafie esse ser! Respeite-o, porque ele nunca o respeitará, com certeza irá afrontá-lo ao extremo para que tenha razão em penalizá-lo, pois na encarnação dele foi um fracassado perante a Lei, e usa do fracasso alheio para obter bens fúteis que, como pode observar, de nada serviram para a sua caminhada pós-passagem. General, olhos abertos e boca fechada, e após esta noite, ao amanhecer, você terá permissão de me indagar sobre o ocorrido, com certeza, todas as suas dúvidas serão sanadas.

Acenando com minha cabeça de forma positiva e totalmente curado de minha embriaguez, abaixo minha cabeça em direção à mesa em minha frente e observo aquele enorme ser de baixo para cima somente com a parte superior dos olhos.

A senhora que me acompanhava naquela noite sentou-se também em nossa mesa. Observo seu semblante preocupado, mas com uma movimentação de carinho; aquela linda mulher, com a qual àquela altura dos fatos eu já estava totalmente envolvido, segura minha mão direita e sorri em minha direção, de uma forma confortável.

Retomo meu olhar ao enorme ser à minha frente, este que se alimenta com um tipo de carne que eu não pude distinguir naquela luminosidade, bebe freneticamente e gargalha sem nenhum tipo de constragimento, com o intuito de chamar a atenção de todos para a sua pessoa. Retomo meu olhar ao meu amigo sentado à minha esquerda, ele que cobriu sua cabeça com sua capa negra e escondeu suas mãos dentro de seu manto. Acredito que dessa forma, com a luminosidade daquele lugar, meu amigo passaria por olhares desatentos de maneira despercebida.

Comecei a pensar por que nós três não saíamos daquele lugar, pois se aquele ser por algum motivo me procurava, e até aquele momento não tinha feito nenhuma investida à minha pessoa, será que o mais racional não seria uma recuada estratégica, com o intuito de nos programarmos para a contenda de uma forma mais adequada?

Minha amiga, olhando para mim de forma séria, coloca:

– General, acredito que já tenha observado que não há fuga deste lugar, ou de nenhum outro, neste nível da Criação. O ser à frente está testando-o, observando suas fraquezas, a fim de atacá-lo de uma forma que você não possa reagir, e lhe aviso também que nem eu nem o Senhor dos Caminhos irá lhe proteger nesta contenda, pois se sua pessoa for contrária à Lei, sua pessoa terá que dar contas à Lei.

Horrorizado, observei as palavras daquela mulher que, além de conseguir ouvir meus pensamentos, colocou uma situação que até aquele momento eu não estava preparado para passar.

Comecei a pensar como seria minha defesa sobre aquele oponente, conferi se minha espada ainda estava embainhada em minha cintura e senti uma sensação de alívio ao tocá-la. Observei a porta onde os dois homens-lobo estavam de guarda. A lareira estava à minha direita, três passos atrás de minha mesa. Acredito que naquela taberna, naquele momento, se encontravam em torno de umas 60 pessoas. Não havia nenhuma janela, e um balcão de pedra estava postado à minha esquerda; um enorme e gordo taberneiro efetuava suas tarefas de servir. Naquele instante, lembrei-me dos campos de batalha e de meu companheiro de guerra, o nobre Bartolomeu, que com certeza iria em direção àquela criatura, armado com o intuito de surpreendê-la antes de um ataque contrário.

Observei que o senhor à minha frente tinha acabado sua refeição e, naquele momento, estava se divertindo com duas mulheres com cabeças de serpente, cada uma sentada em uma de suas pernas. Gargalhando, seu olhar não saía de minha direção. Respirando fundo, conferindo novamente minha espada, levantei-me em direção ao balcão; meus amigos somente me observavam sem nenhum tipo de manifestação. Logo, chegando bem à frente do taberneiro, efetuei meu pedido:

– Senhor taberneiro, quero uma garrafa de sua mais forte e melhor bebida, pois é hora de beber com um antigo amigo.

O taberneiro, com olhar preocupado, observa sobre meu ombro esquerdo, e somente com um sinal de cabeça me apresenta uma antiga garrafa.

Pego essa garrafa com minha mão esquerda e com minha mão direita duas canecas, viro-me em direção ao Senhor dos Fracassos e começo minha caminhada em seu sentido.

Ao me observar, aquele diabólico ser gargalha e não tira seu olhar de mim. Aproximo-me o máximo possível de sua mesa e coloco-me:

– Senhor, acredito que temos de conversar. Quero me sentar em sua mesa, beber com sua pessoa e, com certeza, conferir nossas diferenças.

Gargalhando e com uma voz rouca, aquele enorme negro dirige a palavra a mim:

– Pequeno General, agora entendo por que o Senhor dos Caminhos o protege, pois com sua personalidade não sobreviveria nenhum momento neste lugar. Sabe o que sou e o que quero com você. Uma boa conversa sempre me agrada... Sente-se, General, abra sua bebida, vamos conversar.

Sinto novamente aquela sensação que percorre minhas costas, um enorme sentimento de pânico toma conta do meu ser, puxo uma cadeira de frente ao meu oponente e me acomodo de modo formal. Abrindo a garrafa, servindo primeiramente a caneca daquele enorme ser, depois enchendo meu vasilhame e repousando a garrafa do lado direito da mesa, começo a tentar entender o Senhor do Fracasso.

– Acredito que eu esteja em seus domínios! Acima de tudo tenho de respeitá-lo, mas o que observo até este momento é que se minha pessoa também está neste plano é porque pertenço a ele, assim, isto tudo também me pertence, ou melhor, faço parte deste circo de pessoas, compartilho este lugar como todos os outros que estão aqui. Não quero ser julgado por ninguém, meu corpo já sofreu demais desde minha passagem, Senhor do Fracasso! Vamos acabar logo com isso, se quer me penalizar, iniciemos logo nossa contenda, se não há necessidade desse combate, deixe-me em paz que continuarei meu caminho.

Rosnando como um animal para o ataque, aquele gigantesco ser espalma suas duas mãos sobre a mesa, jogando longe as duas mulheres que o acompanhavam. Chegando com seu rosto bem perto do meu e sentindo aquele fétido ar que exalava de sua boca, gritando, ele se dirige a mim:

– Pequeno verme que todos chamam de General! Tolo insolente, com quem pensa que fala? Esta cidade, esta taberna, a bebida, a cadeira que está sentado, tudo pertence a mim! Se eu o julgar conforme a Lei, irei julgá-lo, e não adianta esta ridícula tentativa de me amedrontar, pois o aprisionarei em minha masmorra e o esquecerei lá, até que a Lei tome conhecimento de onde você está solicitando formalmente sua soltura! Mas pode ter certeza, ignorante ser, isto pode demorar uma eternidade! Agora chega, venha a mim pobre criatura!

Com um só golpe, a mesa que nos dividia foi jogada para o longe... Com sua mão esquerda, o Senhor do Fracasso me segura pelo pescoço e me levanta com essa única mão no meio daquela taberna até minha cabeça bater com toda força no teto. Tento manter meu raciocínio, mas a dor que toma meu ser é incontrolável, e um grito aflito emana de minha garganta. Procuro minha espada embainhada à minha esquerda, mas quando observo a outra mão de meu oponente, com aquele enorme machado precipitando com rapidez em direção à minha cabeça, desembainho-a imediatamente; ao portá-la em minha mão esquerda, a arma começa a emanar uma chama que ilumina aquele sinistro lugar e ofusca a visão de meu adversário. Sentindo este instante de distração de meu inimigo, golpeio sua cabeça com todas as minhas forças com o intuito de me soltar e tentar, de alguma forma, fazer com que aquele ser não mais me ferisse.

Minha espada rompe o ar e, com uma explosão, encontra-se com a cabeça de meu inimigo que me solta. Nesse momento, ele se protege, gritando de uma forma que todos que estavam naquele recinto começam a se resguardar, pois com certeza o Senhor do Fracasso sentiu aquele golpe.

Com a sua mão direita sobre sua cabeça e gritando como um animal, o Senhor do Fracasso levanta seu machado e golpeia meu peito com toda sua raiva. Meu corpo atravessou todo o recinto com a força daquele golpe, parando somente na parede atrás do balcão. Tento manter meus pensamentos, mas o que me atingiu foi extremamente contundente, colocando-me naquele momento com dificuldade de respirar. Levantando atordoado, viro-me novamente em direção ao meu inimigo e, portando minha espada de fogo com as duas mãos, o alerto:

– Senhor, acredito que agora está entendendo que encontrou um oponente à altura, pois se estamos guerreando de forma particular e ainda não me subjugou, é porque o senhor não tem consentimento da Lei para me aprisionar, quanto mais me julgar! Venha, senhor, e sentirá a fúria do General!

Respondendo minha colocação e postando-se para o ataque, o Senhor dos Fracassos responde:

– Tolo verme, é lógico que não tenho permissão da Lei para julgá-lo, pois se tivesse, sua pessoa teria caído diretamente nos meus calabouços, exatamente igual ao seu sofrimento com o Senhor Transformador Comandante dos Ventos! Somente me divirto agora! Terei seu ser para meu divertimento, não para satisfazer a Lei! Prepare-se, General, pois serei seu maior pesadelo!

Como um carro de guerra, aquele enorme ser veio em minha direção com toda velocidade; percebi que tinha poucos instantes para me defender. Logo, coloquei-me do lado do meu oponente e, no momento do impacto de nossos corpos, saltei sobre o balcão fazendo com que seu crânio batesse com toda força naquela rústica construção. A força do impacto derrubou o balcão e uma poeira tomou conta do ambiente. O restante dos seres que ali se encontravam tentou desesperadamente fugir daquele recinto, mas os homens-lobo postados na porta impediam a saída de qualquer um. Tento localizar meus amigos, os únicos que ainda permaneciam sentados na mesa; viro-me para o meu inimigo e começo a golpeá-lo com minha espada em sua cabeça. Gritos de dor exalam daquela diabólica criatura que, mesmo sendo fortemente golpeada, se levanta e começa a precipitar seu machado em meu corpo também. Iniciaremos naquele instante uma troca de golpes em perspectiva finalizar a luta, pois a cada golpe que eu dirigia no corpo de meu adversário, outro era desferido a mim por ele.

Comecei a sentir cada vez mais a dor daqueles golpes, e observo que meu oponente também estava na mesma situação. Segurando agora com as duas mãos minha espada, juntei o restante de minhas forças e o golpeei em sua cabeça, mas meu oponente somente envergou seu enorme corpo e voltou a bater com seu machado em mim. Não conseguia mais me defender, soltei minha espada e levantei meus braços com a intenção de proteger meu rosto, tentativa em vão, pois meu opositor, observando meu fracasso, segura sua arma de combate com as duas mãos e precipita um forte golpe em minha cabeça que faz com que por alguns instantes eu perca totalmente meus sentidos. Acordo rapidamente, mas percebo que agora de novo estou sendo segurado pelo pescoço, e meu oponente bem machucado esbraveja em minha direção:

– Verme, porco, estúpido General, por que pensa que pode levar a melhor numa contenda comigo? Sou o Senhor do Fracasso, possuo meu território delimitado pela Lei, tenho meus súditos e minha cidade, o chão que você pisa me pertence! Verme tolo, agora você será meu e sentirá por toda a eternidade minha fúria e sofrerá as consequências de ter desafiado o Senhor do Fracasso!

Jogando-me fortemente ao solo, o Senhor do Fracasso solicita a retirada de meu corpo pelos homens-lobo que, neste instante, vêm em minha direção, mas como um guardião em minha vida, o Senhor dos Caminhos e a mulher que estava conosco colocam-se rapidamente em torno de meu corpo e somente com um olho aberto e tentando me levantar, escuto meu amigo dizer:

– Senhor do Fracasso, não terá meu protegido em seus domínios! Paramos neste recinto somente para descansar e não para desafiá-lo, já sabe que esta contenda estava infundada pela Lei, e que sua intervenção, mesmo sendo de seu direito, está sendo efetuada em momento errado. Senhor do Fracasso, vamos levar nosso amigo conosco e continuar nossa jornada, espero que me entenda, pois sendo guardião pessoal do Senhor General, somente a Lei maior me impedirá de efetuar minha missão. Solicito ao senhor que nos deixe ir embora neste momento, sofreremos lá fora com o período do dia em que estamos, ainda assim carregaremos nosso amigo. Logo, a lição deste momento já foi efetuada.

Gargalhando demais e olhando meu corpo ferido apoiado em meus amigos, o Senhor do Fracasso dirige suas palavras ao meu guardião:

– Senhor dos Caminhos, homem honrado e protetor deste verme, como pode se sujeitar a tal destino imposto pela Lei? Sabe que será sempre bem-vindo ao meu lado e em meus domínios, para liderar meu exército, para continuar com minhas conquistas neste mundo. Pare com esta conversa de trabalhar para a Lei Maior e venha fazer parte de minhas fileiras! Quanto ao pobre General, como sabe, somos oponentes há milhares de anos! Em nossa existência, fomos colocados um contra o outro sempre, e não seria agora que isso iria mudar. Eu estava ansioso por este momento, adorei novamente o combate com o General, ainda mais que dessa vez saí vitorioso, mas pelo que observo, o General não se lembra ainda de mim, nem deste lugar onde vivo. Leve-o daqui e siga seu caminho! Deixe novamente o General forte e faça com que ele recupere sua memória rapidamente, pois estarei aqui de novo esperando o General para subjugá-lo! Somente alerto que não sou o único oponente do General deste lado do mundo. Muitos são seus inimigos, e sua viagem até seu destino será muito perigosa. Espero que o senhor e a moça que os acompanha deem conta da proteção do General – e termina sua frase com uma gargalhada assustadora.

Tentando andar apoiado em meu amigo até a porta, olho a mulher que nos acompanha neste momento e observo seu olhar de fúria em direção ao Senhor do Fracasso; praguejando, minha amiga coloca:

– Senhor do Fracasso, orgulha-se de estar em seus domínios e ser vitorioso nesta contenda! Pobre senhor, domina seres fracassados e covardes que se amontoam nesta ridícula cidadela! Senhor, sabe quem eu sou, sabe do que sou capaz e o que estou fazendo do lado do General! Não sou vingativa, mas tenho um sentimento de amor enorme por esse homem, e o senhor fortemente me irritou ferindo-o neste momento! Não vou partir em sua direção para efetuar o que tenho vontade de fazer com o senhor agora, pois o senhor, assim como o General, também está fortemente ferido, e como todos sabem não sou covarde a ponto de usar esta sua deficiência para vencê-lo em combate, mas o Senhor não perde por esperar! Recuperaremos o General, juntaremos nossas tropas, e em nome da Lei voltaremos a sua cidade para que observe do que somos capazes!

O Senhor do Fracasso, olhando raivoso em nossa direção, principalmente para minha amiga, faz somente um sinal com a sua mão para que saiamos do recinto.

Os homens-lobo abrem a porta da taberna para nossa partida e, praticamente carregado e cambaleando, saio com os demais para a rua em direção aos grandes portões da cidade. O frio e a chuva tomavam conta do ambiente, e andávamos lentamente por causa de meu estado de sofrimento; chorando de dor, peço a palavra ao Senhor dos Caminhos:

– Senhor dos Caminhos, posso lhe falar? – digo com certa dificuldade. – Muito sério, o Senhor dos Caminhos somente consente com um abanar de sua cabeça:

– Senhor, por que aquele ser me odiava tanto, de onde ele me conhecia e em que lugar realmente estamos? Todos dizem que me conhecem, mas não me lembro de ninguém, senhor!

Continuando com seu semblante sério e auxiliando minha caminhada, o Senhor dos Caminhos me responde:

– General, sabe agora que realmente sua alma é eterna, e que somente seu corpo físico ficou na camada superior, pois ele pertencia ao planeta e não a você; se sua alma é eterna; centenas de encarnações, por assim dizer, sua alma contemplou para sua evolução milhares de seres! Você conheceu na forma encarnada os laços de amizade, de amor, de respeito, bem como os laços de ódio e de vingança. Este ser que acaba de "reencontrar" é seu oponente há milênios! Ele está negativado pelo seu próprio livre-arbítrio, seu fator negativo criou esta cidade e os moradores dela estão ligados ao Senhor do Fracasso pelo poder da atração. São almas que têm a mesma afinidade negativa de lutar contra a evolução dos seres e contra o sentido da Lei. Você, mesmo desencarnado, luta em favor da Lei Maior, logo, este ser iria fatalmente ao seu encontro tentar aprisioná-lo neste momento frágil em que sua alma se encontra, neste momento que suas lembranças ainda não foram trazidas à tona. Trouxe você até esta cidade para reencontrar sua guardiã, que o esperava para continuarmos nossa caminhada.

Sofrendo muito e com dor, somente abano minha cabeça em sinal de entendimento das palavras colocadas pelo meu amigo. Nesse instante, olho para o lado e vejo aquela mulher, com trajes pobres e com um sorriso simples, a me olhar com um sentimento de carinho que há muito tempo não sentia. Naquele momento, com lágrimas em meu olhos, dirijo uma pequena frase a ela:

– Senhora, muito agradecido pelo seu apoio neste meu momento de dor!

E com um sorriso materno, aquela mulher me responde:

– General, deixe disso! Faço minha caminhada ao seu lado pelo amor que sinto por você e pela admiração a sua pessoa! Vamos tratá-lo e com certeza todas as suas dúvidas aos poucos serão sanadas.

Nesse momento, chegamos aos Grandes Portões da cidade, onde dois seres faziam guarda. Minha amiga, deixando de olhar para minha pessoa e dirigindo agora um olhar sério e penetrante àqueles dois que estavam na porta, lhes fala:

– Senhores, solicito que abram neste momento as portas desta ridícula cidadela, pois a Senhora das Passagens assim ordena! Senhores, solicito também um transporte adequado a mim e aos meus amigos, pois como podem ver estamos com certas dificuldades!

Os Guardiões, postados à porta sem emitir nenhum som de suas bocas, começam a abrir os pesados portões da cidade; nesse momento, um carroção puxado por um corcel negro se aproxima de nós, sem qualquer tipo de condutor. Com os portões totalmente abertos, um dos Guardiões toma à frente e diz:

– Senhora das Passagens, aí está o veículo solicitado, com os cumprimentos do nosso Senhor do Fracasso – gargalhando, continuou: – Sorte aos peregrinos, pois a sorte está lançada a vocês três, que tentam romper este período.

Novamente, minha amiga olha para o Guardião postado à porta e diz:

– Senhores, estou indo embora, pois sabem que a taberna onde nos encontrávamos me pertencia. Meu contraponto ao Senhor do Fracasso foi colocado pela Lei Maior e agora esta cidade está totalmente à mercê dele. Os andarilhos e as pessoas que galgavam evolução não possuem mais nenhum ambiente nesta cidade, assim, quem lhe deseja sorte sou eu a todos vocês que residem nesta cidadela, pois sem o contraponto da Lei Maior, o Senhor do Fracasso não terá limite contra vocês!

Agora, auxiliando-me a entrar no carroção, minha amiga sustenta minha cabeça, pois meu corpo já está desfalecido na parte de trás do veículo. Meu amigo rapidamente toma conta do arreio do corcel e, com um grito, faz com que tomemos movimento. Agora, estamos lançados a caminhos que não conheço e que, por algum motivo, preocupavam meus dois companheiros. Nesse momento, começo a observar o carroção por dentro. Ele possuía suprimentos e uma série de garrafas que, chacoalhando e tilintando, estavam colocadas em uma estante do meu lado esquerdo. Sendo coberto pelas mãos carinhosas de minha amiga, escuto:

– General, beba este líquido que lhe sirvo agora, pois este aquecerá seu corpo neste momento da viagem. Procure dormir um pouco, assim o senhor irá recuperar todas suas forças. Amanhã, quando acordar, estaremos num período mais seguro e, recuperado, iremos conversar melhor, pois acreditamos que já estaremos em outra parte de nosso destino – beijando meus lábios, ela fecha suavemente meus olhos com suas delicadas mãos. Nesse instante, faço o que minha amiga solicitou e pego no sono.

13

O Guardião da Noite

Após um período de sono, acordo com o chacoalhar do carroção, além do tilintar das garrafas presas nos compartimentos laterais do lugar onde eu repousava meu corpo. Observei que ainda era noite e escutei meus companheiros a conversar em baixo tom para que meu sono não fosse perturbado. Logo, percebi que meu corpo, apesar dos ferimentos, podia se locomover e, com um pequeno esforço, levanto-me, sigo em direção à dianteira do carroção, abro a cortina que separa meus amigos do lugar onde era feito meu repouso, e com a voz ainda atordoada pelo sono e pela dor, reclamo:

– Boa noite, Senhor dos Caminhos! Boa noite, minha nobre amiga Maria! Como vão? Onde estamos neste momento? Que lugar é este onde a noite é tão escura quanto o norte dos Carpatios onde o inverno traz uma noite sem luar?

Meus amigos se entreolharam e, ainda com a voz baixa, o Senhor dos Caminhos seriamente dirige seu olhar bem ao centro dos meus olhos e impõe suas ideias:

– Salve, General! Pelo seu modo observo que está bem, meu amigo... que seus ferimentos estão cicatrizando e que sua saúde se recupera a bons modos... – sem tirar os olhos de minha direção, continua: – Graças ao ocorrido na taberna, teremos que fazer nossa viagem neste período de trevas, em que o desconforto é notório e o perigo ronda cada esquina. General, é o culpado deste entrevero! Logo, peço seu silêncio, pois tanto eu como nossa amiga aqui ao meu lado estamos desapontados com sua mísera conduta... Tem muito que aprender e acredito que é chegada a hora de continuar seu aprendizado. Assim, sente-se entre nós, não exclame nenhum som, somente escute o que nós temos a dizer ou terei de deixá-lo aqui neste nível onde a noite é eterna e seu regresso sozinho, impossível...

Somente concordando com o balançar de minha cabeça, sento-me entre os dois "amigos" que me acompanham. Cobrindo-me com um manto pesado que Maria colocara sobre minhas costas, me aquieto e coloco-me à disposição para ouvir o que eles tem a falar.

A noite estava muito escura, somente sendo iluminada por dois candeeiros, que balançavam com o chacoalhar do carroção. Tentando ainda acostumar meus olhos naquela iluminação, observo minha amiga Maria que estava do meu lado esquerdo. Quando sua imagem "clareou" aos meus olhos, meu espanto foi tão notório que ela sorriu em minha direção... Minha amiga Maria estava vestida como um soldado de guerra, de calças justas e botas de campanha, um manto vermelho e negro cobria suas costas, seus cabelos curtos e presos por uma fita davam-lhe um perfil até masculinizado. Em sua mao direita, um alfanje estava postado como um instrumento de guerra. Sem comentar aquela mudança, observo meu amigo e novamente, com o balançar de minha cabeça, solicito que meu ensinamento seja iniciado. Observando meu interesse, o Senhor dos Caminhos inicia seu discurso:

– Amigo General, vamos tentar observar o que está acontecendo para que seu entendimento de sua situação seja esclarecido. General, paira ainda em seu pensamento que o senhor está encarnado?

Observando o semblante dos meus dois amigos, reclamo:

– Não, amigos, com certeza estou morto...

Sorrindo, meu companheiro prossegue:

– Perfeito, General... está morto... acredito também que suas crenças sobre a morte tenham caído por terra. Desse modo, vamos começar a entender os fatos, perfeito?

Com meu semblante sério, concordo somente com um balançar de cabeça.

– General, a morte não existe! A vida é uma continuidade de fatos e ações em que, tanto em matéria como neste plano, a única certeza que possuímos é de que temos somente o que desejamos e o que atraímos para junto de nós pelos nossos pensamentos e atos. Pensando dessa forma, se o General teve uma vida em matéria forjada nos campos de batalha onde a guerra era sua única realidade, onde possuir matéria de maneira desgovernada e não ética era seu único propósito... e além de um grande agravante, você ainda se escondia atrás da religião que imperava no período de sua encarnação... religião esta que usurpava os fiéis, imperando um medo desenfreado, pregando que eram os donos do pós-morte e que se os fiéis não executassem suas vontades materiais, após sua desencarnação, seu sofrimento seria exageradamente real... – sem tirar os olhos da estrada, meu amigo continua: – Tudo mentira!... Tudo interpretações de textos antigos, textos feitos por nobres homens, senhores do conhecimento que possuíam a faculdade de se comunicar com todos os níveis da Criação, traduzindo os fatos da forma mais real possível. O problema foi que a interpretação desses textos foi efetuada para beneficiar alguns homens materialmente, não preparando todos para uma vida serena, de fartura tanto material quanto espiritual... O senhor me compreende, General?

Triste com as informações que me foram reveladas nesse momento, peço com o levantar de minha mão esquerda o direito de falar, que me foi concedido com um simples aceno de cabeça; respiro fundo e começo meus comentários:

– Amigo, então não existe nascimento nem tampouco morte? O que há é uma única existência a qual em um certo período estamos aqui em seu reino, em outro estamos no lugar de onde vim, seguindo seus pensamentos... Eu, em todo o período que estava do outro lado da Criação por assim dizer, usurpei os meus semelhantes, lutei por uma causa injusta e inexistente. Sofri e fiz sofrer meus amigos, minha família e pessoas que nem ao menos eu saberia repetir seus nomes... É isso, senhor?

Somente balançando sua cabeça, meu amigo pede para que eu continue.

– Senhor dos Caminhos, explique-me então, qual o real propósito da vida?

Franzindo a testa e com um olhar sério, meu amigo continua seus apontamentos:

– General, a vida não tem um propósito único! A vida sim é única! Seu propósito é somente evoluirmos e tornarmos a existência humana, tanto dos que estão em matéria quanto dos que estão do lado etéreo, plena de felicidade, de riquezas, tanto materiais quanto espirituais... Amigo, a vida é para ser vivida e não para ser subvivida!... Toda a natureza é feita para que a vida seja tomada de belezas e conforto. Os espíritos humanos são irmãos; logo, nasceram do mesmo ventre sagrado. Assim, quando o espírito humano prejudica outro espírito humano, ele está prejudicando seu irmão, transmitindo de seus pensamentos, "ondas" que somente atraem a mesma coisa, como o rio que sempre caminha para o mar... Pensamentos negativos caminham somente para atos e realizações negativas. Pense, General!... Traga essas frases para tudo o que você viu neste seu período neste plano da Criação!

Ajeitando meu corpo no assento de madeira do carroção, começo a tentar expor minhas ideias:

– Senhor dos Caminhos, como o Senhor colocou, tive uma vida toda preparada para o campo de batalha, fui colocado na escola de guerra na mais tenra idade, aprendi a matar um homem e a liderar um exército muito antes de minha barba crescer... Portanto, fazendo um comparativo com minha existência, minha passagem em seus reinos também me levaria aos campos de batalha, por isso fui morto pelo meu inimigo, por isso sofri com o trajeto de minha queda até as montanhas do "Morcego", por isso fui ao campo de batalha novamente e perdi meu amigo, por isso estamos aqui para tentar seu resgate, pois se em "vida" nunca me preocupei com nenhum soldado que me acompanhava, nos seus reinos, por algum motivo, sinto-me na obrigação de resgatar quem eu mal conheço... correto, Senhor dos Caminhos?

Continuando com seu semblante de costume, meu amigo continua:

– Exatamente, General! Sua vida neste plano é o resultado do que houve na sua passagem na "crosta". Pense assim, General, a plantação não é obrigatória, mas a colheita é certa e justa – continuando com sua explanação, o Senhor dos Caminhos expõe: – General, não seja duro consigo! Teve a vida que escolheu e terá a eternidade para reverter sua existência em aprendizado... Pense agora da seguinte forma: serviu a uma causa religiosa em campo de batalha, está aqui neste plano por força de seus atos e de seus pensamentos, assim a única certeza que tem é que está no caminho certo, pois se a natureza lhe deu a chance de aprender com os fatos, você poderia ter não efetuado a escolha de ir ao encontro de seu irmão capturado. Mas com a nobreza que impera em seu coração, sua escolha foi pelo resgate. Logo, aproveite cada instante para aprender o que se passa com este lugar, e também compreender os moldes da "Lei Divina", pois como na plantação, seus passos não são obrigatórios mas se dados, seu caminho é certo, e será sinuoso ou não dependendo de suas escolhas.

Nossa amiga Maria, que até este momento estava em silêncio, pede a palavra:

– Senhores, acredito que os ensinamentos do Senhor dos Caminhos devam esperar, pois chegamos ao ponto crítico de nossa caminhada, e sem demora, devemos solicitar que o ser "Natural" que habita este caminho esteja conosco.

Concordando com a nossa amiga, o Senhor dos Caminhos para o carroção em que estávamos e, com um apontamento, coloca um término em nosso diálogo:

– General, por este momento isso é tudo. Alguns procedimentos deverão ser tomados para a nossa segurança. Nossos ensinamentos deverão continuar em outro momento para que tenham a medida justa e perfeita.

Rapidamente, nossos companheiros descem do carroção em que nos encontrávamos e levantando sua espada de fogo, juntamente com nossa amiga elevando seu alfanje que nesse momento também estava incandescido e iluminando a noite, os dois bravejam em alto e bom som:

– Senhores da Noite, controladores do caos, humildemente solicitamos que para nossa caminhada continuar na mesma paz merecida, a presença do Senhor da Noite e dos medos, o ser "Natural" que guarda esta passagem, se faça presente neste momento!...

Uma névoa fria e um som começam a tomar conta do lugar onde estávamos... um som infernal de algo se rastejando no solo em meio à nuvem. Com a fraca iluminação da espada e do alfanje de meus amigos, um pequeno ser começa a se destacar na mórbida paisagem. Um ser que mais parece uma criança ao longe, mas que a cada passo dado, toma mais a forma de um jovem homem. Ao chegar, observando sua aparência que imediatamente me colocou em sinal de alerta, mesmo com um terrível medo, desço do carroção e me dirijo ao encontro de meus amigos onde estava posto aquele visitante que foi solicitado.

Chegando perto observo que o ser que acabara de chegar tinha as feições atípicas: pés grandes, estatura baixa, forte, olhos e língua bifurcados como de uma serpente, as mãos, pontas de queixo e nariz e parte da testa, assim como toda a cabeça, eram escamadas e sem nenhum tipo de pelo. Os três me observavam naquele momento e esperavam que eu dissesse algo. Logo, como é de meu perfil, expus meus pensamentos:

– Amigos, por favor, me expliquem o que está acontecendo agora e o que é este novo ser que acaba de chegar!

Antes que meus antigos amigos tentassem falar qualquer coisa, nosso visitante, após uma alta gargalhada e de forma muito agitada se movimentando rápido para vários lugares, coloca:

– Salve, General... salve! Sou o dono destas bandas, sou o Senhor da Noite, sou seu maior pesadelo! Acompanho-o desde sua concepção na grande matriz geradora... Salve, General... sou o Senhor Natural da Renovação!

Um sentimento de medo e conforto toma conta de meu ser... Procuro minha espada em minha cintura, ato este em vão, pois acredito que minha amiga tenha guardado meu artefato de guerra no carroção no instante de meu tratamento. Mesmo assim, tentando controlar meu medo, esbravejo:

– Já que me conhece, pequeno ser, sabe que temos muito que fazer... logo, continuemos nossa viagem, pois cada minuto que ficamos parados aqui é um minuto a mais de sofrimento de meu amigo...

Entreolhando-se, meus três amigos começam a gargalhar e o novo visitante, sem parar de rir, coloca:

– Salve, General! Continuemos então... pelo visto é o mesmo e temos muito a conversar... Salve, General, salve sua força...

Voltamos ao carroção e continuamos nossa viagem.

14

A Viagem Noturna

Tentando entender o que houve e quem era esse novo companheiro de viagem, coloco-me em silêncio sentado à frente do carroção. Do meu lado direito, meu amigo também está quieto, somente com o semblante preocupado e observando o caminho atentamente. Na parte de trás do carroção, onde ficavam as prateleiras com as pequenas garrafas que não paravam de tilintar, estavam minha amiga Maria e nosso novo companheiro de viagem. Eles conversavam como velhos amigos, perguntavam de outras pessoas e, às vezes, comentavam sobre meu estado de saúde, de como estava minha consciência após minha passagem e gargalhavam sempre a cada intervalo de frase dita. Essa conversa lembrava as lavadoras de fardamento dos rios gelados de minha terra natal, que além de lavar nossas roupas, cuidavam de comentar muito bem da vida alheia:

Tentando novamente entender a situação, indago ao meu companheiro:

– Senhor dos Caminhos, tenho permissão para falar?

Olhando para mim com um ar mais terno e com um leve sorriso, meu companheiro de viagem responde:

General, está mais educado e interessado. Faz-me gosto ver você assim... com certeza, tem a permissão necessária para falar.

De cabeça baixa e voz firme, indago meu amigo:

– Senhor, por favor, me explique o que está acontecendo... já aceitei minha morte, fui torturado, novamente voltei aos campos de batalha, conheci o Senhor e minha amiga Maria. Vocês insistentemente colocam que já me conhecem, apesar de eu nunca ter visto nenhum de vocês, briguei numa taberna com um ser que se colocava como um antigo inimigo, fomos expulsos daquela cidade, e agora viajamos à noite para um resgate de um suposto amigo que eu mesmo nem sei direito quem é... somente sei que o Senhor e minha amiga estão deveras apreensivos com essa situação, sem contar agora com o aparecimento desse novo companheiro que sorridente traz somente medo ao meu coração... Senhor, por favor, me esclareça!

Continuando a olhar para frente, procurando não se distrair de nosso caminho, meu amigo retribui minha indagação:

General, como anteriormente lhe disse, todos nós somos seres eternos, gerados de uma única fonte. Somos irmãos, a vida é uma continuidade, e a cada período ora nós estamos neste plano etéreo, ora estamos na crosta... Nossas lembranças são decantadas para que possamos realmente nos redimir de algumas escolhas prejudiciais a nossa evolução, fato este que o faz não se lembrar deste lugar e de quem somos, pois essa decantação traz à tona realmente quem é, sem nenhum tipo de artefato que o faça esconder perfis de sua personalidade, pois somente decantado tomará as escolhas com seu coração e não com lembranças de fatos ocorridos em qualquer momento de seu passado. Em relação ao nosso novo amigo, de novo este não tem nada, pois ele habita estas bandas há milênios, o acompanha desde o momento em que foi gerado. Ele é responsável pela sua estabilidade nesta parte da Criação, trazendo o equilíbrio necessário ao seu mental e apaziguando seu espírito. O Senhor da Renovação é seu maior pesadelo, mas também é seu maior guia neste período. Todos os seres humanizados possuem um espírito desta classe que faz a intermediação entre os níveis da existência... Ninguém, General, tem a permissão da Lei Divina de andar desacompanhado... Logo, somente um ser gerado neste nível da Criação é capaz de nos acompanhar e levar-nos com segurança ao nosso destino. Sem o Senhor da Renovação, nossa caminhada nesta escuridão seria impossível – golpeando nossos cavalos para que tenhamos maior velocidade, meu amigo continua: – General, seus olhos ainda não estão treinados para observar nesta escuridão, pois você somente observa o escuro. Nós conseguimos enxergar todos os perigos deste nível da Criação.

Confuso com essas informações, mas um pouco aliviado em relação aos fatos contínuos do nosso diálogo, digo:

Senhor, como faço para ter a mesma profundidade no olhar, para que eu possa ajudar nossa viagem e, se necessário, guerrear com mais precisão?

Com o semblante sério, meu amigo dirige seu olhar diretamente a mim e continua:

General, em primeiro lugar, pare com esta ideia de que tudo se revolve na contenda! Tenha paz em seu coração, pois somente assim terá um entendimento pleno da nossa situação e realmente poderá ajudar. Como disse, para cada nível da Criação existe um responsável por ela... Para cada fase ou adaptação de nosso espírito há um ser com a competência de nos auxiliar, nos adaptar ou até mesmo nos resgatar. Assim, o pequenino lá atrás é responsável por nos levar em segurança ao nosso destino e também tem a responsabilidade de lhe trazer algum entendimento ao momento em que seu espírito está. Somente ele poderá ajudá-lo agora.

Concordo com a cabeça e, em silêncio, peço permissão ao meu amigo para adentrar na parte de trás do carroção para continuar minhas indagações conforme o Senhor dos Caminhos colocou, e dessa forma, compreender melhor minha situação. Com o aceite de meu amigo, passo a cortina que divide as duas partes de nosso veículo, sento ao lado de minha amiga Maria e continuo em silêncio até ser indagado.

Com um sorriso amoroso, minha amiga me coloca na conversa:
Sentindo-se melhor, General?

Friamente respondo à minha companheira de viagem, sem tirar os olhos de meu novo amigo.

– Sim, senhora Maria...

Com o mesmo sorriso, minha amiga diz:

– Senhores, sei que os dois têm muito a conversar. Deixarei vocês sozinhos neste momento, para que a privacidade necessária adentre neste ambiente.

Olhando fixamente nosso pequeno companheiro, espero que se manifeste em algo para que eu comece minhas indagações, observo que um sorriso de "garoto levado" começa devagarzinho a enfeitar seu rosto; olhando dentro dos meus olhos, começa a falar:

Salve, General, seu semblante demonstra preocupação e medo. Está com medo do que, General?

Realmente um frio percorre minha espinha, fazendo com que eu me ajeite no banco do carroção, o tilintar dos pequenos vidros nas estantes em minhas costas incomodava pela insistência; tentando não demonstrar medo algum, retruco ao ser na minha frente.

Não tenho medo de nada, nobre amigo, somente estou curioso em saber quem é, e no que realmente você pode me ajudar, pois o Senhor dos Caminhos disse que você é responsável neste momento em esclarecer algumas dúvidas sobre o que se passa nesta região perdida, e o que realmente tenho de fazer para resgatar meu amigo.

O sorriso maroto explode numa gargalhada animalesca; apoiando sua fria mão esquerda no meu ombro direito, nosso novo convidado começa a falar:

– General, há coisas que realmente nunca irão mudar, uma é este seu perfil arrogante, que somente tenta esconder o homem medroso que é. Eu não me importo nem nunca vou me importar com o que você pensa ou faz, somente me interesso pelo seu bem-estar, preste bem atenção no que vou falar, pois com certeza algumas coisas que o afligem serão esclarecidas. General, você percebeu que todos aqui o conhecem, mas você não se lembra de ninguém, perfeito?

Com um simples balançar de cabeça, concordo.

– Então, isso quer dizer que de alguma forma você já andou por estas bandas, e que nada por aqui é realmente novidade para você, logo vamos tentar explicar o que está havendo neste momento. Sabei que não está mais vivo como você imaginava? Mas morto você também não se sente, correto? Então o que acha que está acontecendo?

Espantado, passo minha mão em meu rosto tentando enxugar o suor que de forma insistente teima em descer pela minha face, organizando minhas ideias tento verbalizar o que penso:

– Novo amigo, estou muito confuso com tudo que houve em minha suposta morte; o Senhor dos Caminhos e minha amiga Maria têm uma preocupação comigo que nunca tive em minha existência, com exceção de meus pais que há muito faleceram. Sobre essas lembranças, acredito eu que elas devem estar em algum lugar escondidas em minha mente... Quando sinto do fundo de meu coração, observo que realmente nada nem ninguém são desconhecidos para mim, sinto em meu coração conforto ao conversar com vocês, mas ao mesmo tempo quando tento me lembrar de onde vocês são, uma imensa desordem toma conta de meus pensamentos e em momento nenhum consigo organizá-los. Pequenino, por favor, se pode me ajudar nesta minha confusão, eu me curvo ao seu poder e solicito que me cure desses pensamentos que somente rodopiam e não me levam a lugar nenhum.

Gargalhando novamente de uma forma animalesca, sorridente, meu companheiro retruca:

– Está educado, General, nunca foi assim, nunca pediu nada para ninguém, normalmente usava a força bruta ou a ponta fria de sua espada, o que o medo não faz, nobre General... – pausa sua frase para novamente gargalhar; depois de recuperar seu fôlego, meu novo amigo continua:

Pobre General, se demonstra tão forte, mas não passa de um garoto medroso que se perdeu de sua mãe! Subjugar o subjugado é fácil, General, difícil é se defender onde não há defesa. Mas vamos tentar esclarecer alguns pontos, para que o nobre General cumpra sua missão.

Nesse momento, meu amigo se senta sobre os calcanhares, ficando numa posição que mais me lembrava alguns répteis encontrados nos pântanos no degelar do inverno e, olhando fixamente em minha direção, ele retoma seu raciocínio:

– General, a morte nunca existiu e nunca existirá, a seara de seres como você será eternamente este rodamoinho de idas e vindas entre os planos. Da última vez que lhe foi concedida a oportunidade de encarnar e passar algum tempo na crosta, seu espírito que aqui está habitava outros planos da existência, você teve a chance de encarnar numa família e num certo período da existência humana que lhe davam condições de dar um passo em sua evolução pessoal no caminho da Lei Maior, e digo mais, pelo grau de virtudes que acumulou nessa sua existência na crosta, poderia ter levado consigo centenas ou milhares de seres ao caminho da luz, mas ao contrário disso tudo, optou em dirigir toda esta encarnação à guerra em nome de um Deus que nem você nem ninguém conseguiu entender ou provar. Dessa forma, houve seu processo de desencarne violento e a história até aqui você já sabe. Mas, pense comigo, General, este lugar, apesar de você estar aqui, não lhe pertence, está aqui por causa das escolhas que fez no período da "carne". Energeticamente seu espírito veio para estas bandas para que se recuperasse da violenta passagem e terminasse alguns assuntos que em virtude de seus passos na crosta não obtiveram o devido fim.

Continuando a olhar diretamente nos meus olhos, meu amigo com um balançar de cabeça solicita se pode continuar suas colocações, balanço minha cabeça num sinal de positivo sem tirar meus olhos daqueles que mais se pareciam com os de uma serpente.

– General, sua memória foi decantada para seu encarne, e pela vida tumultuada que teve, energeticamente sozinho você não consegue recuperar suas lembranças. Eu habito este plano da existência desde que o universo foi criado, sou habilitado pela Lei Maior em ser responsável por efetuar as negociações e dar as permissões aos "viajantes", que por algum tipo de necessidade, passam por estas bandas. Energeticamente nossos espíritos são ligados, auxiliando-nos a evoluir perante a Lei Maior. Por mais que me desagrade tenho a missão colocada pela Lei Maior para ajudá-lo, possuo a habilidade de meu pai, a "Grande Serpente", que é renovar tudo que meus pensamentos apontam, mas minha renovação se dá ao inverso, eu absorvo as energias que o impedem de lembrar-se de seu passado, esgoto todas as suas dúvidas e dessa forma seu espírito se reorganiza e consegue discernir sobre o que realmente houve e o que realmente você é. Assim o acompanharei neste período da viagem, mas antes, se me der sua permissão, esgotarei seus pensamentos mais sórdidos a fim de que tenha plenitude em suas lembranças, pois com este padrão energético que possui neste momento não conseguirá chegar até a "Grande Serpente", para que ela possa lhe dar a renovação plena e necessária para sua caminhada eterna. Então, fique neste momento sabendo que somente as lembranças que o auxiliarão neste período serão resgatadas, as demais das milhares de encarnações que passou, somente pelo meu Pai, a "Grande Serpente". General, tem alguma pergunta?

Novamente limpando o suor de meu rosto, indago o pequenino na minha frente:

Pequenino, o que realmente você quer dizer com as palavras "energético e energia", pois ao que me parece é algo que exala de meu corpo, estou certo?

Com um olhar maroto, ele continua:

– Estes termos serão utilizados pelos habitantes da crosta daqui a algum tempo, mas para esclarecê-lo, General, pense que é o fenômeno que faz a chuva cair para a terra, a água da cachoeira ir ao encontro das pedras e não subir a encosta... Mas, General, o tempo já se faz, posso cumprir minha missão com você, pois tenho mais alguns assuntos para tratar neste momento?

Entendendo ainda de forma confusa, mas por instinto permito que o pequenino companheiro faça o que ele tem de fazer, pois após essa pequena conversa, por algum motivo tenho confiança no que esse novo amigo me diz, logo balanço a cabeça permitindo que o pequeno ser faça o que tem de ser feito.

Repetindo o movimento de aceitação com a cabeça, o pequenino à minha frente coloca suas duas mãos frias em meu rosto e fecha os olhos num sinal que mais me parecia uma prece aos divinos. Nesse momento perco meus sentidos, algo começa a entorpecer minha mente, tento manter meu raciocínio, mas meu esforço é em vão, tento abrir meus olhos, mas somente pontos luminosos e coloridos inundam minha visão; tento gritar, mas minha voz também está sem comando, um medo incontrolável toma conta de mim; tento com minha mão direita tirar a espada de minha bainha, tentativa também em vão, pois minha força física da mesma forma se esvaiu... Tento respirar mas meu peito queima em chamas, lembranças que aparentemente não são minhas começam a surgir em meus pensamentos. Nesse instante, um clarão toma conta do ambiente e meu corpo é levado a um lugar frio, onde muita neve caía dos céus, olho para meu corpo e vejo uma vestimenta alaranjada e minhas mãos, para meu espanto, estão com aparência de um velho sexagenário; toco minha face e sinto que as rugas tomam conta de meu semblante, e uma barba comprida e branca enfeita meu rosto.

Olho para os lados e vejo que estou deitado numa espécie de aposento, meu corpo é coberto por alguma pele de animal branca e perto de mim está uma jovem linda, mas com uma aparência que até aquele momento nunca havia me ocorrido. Seus cabelos eram negros como a noite e sua pele branca como a neve que caía do lado de fora do aposento; seus olhos eram pequenos e puxados em direção às suas orelhas, chorando ela dirige algumas palavras a mim.

– Meu querido avô ancião, fico triste com sua passagem para a eternidade, mas orgulhosa em saber que um sangue tão nobre corre em minhas veias. O senhor que cuidou de todo seu clã com sabedoria milenar soube ponderar todas as desavenças de seu povo, criou seus sete filhos e seus dez netos com uma sabedoria que somente um nobre de coração possui; cubro seu corpo agora e queimo estas ervas para que nossos ancestrais venham acompanhá-lo para o caminho da eternidade.

Nesse momento a jovem se levanta e coloca algumas ervas num pequeno fogareiro que estava ao meu lado, a fumaça exalada daquele pequeno objeto faz com que a luz do ambiente diminua. Um homem alto, com as mesmas feições da menina que deixou o aposento, adentra, com um manto também alaranjado e um bastão com aproximadamente sua altura, e por incrível que podia me parecer, esse bastão estava completamente em chamas; com a voz que mais parecia um trovão, firmemente esse homem me dirige a palavra:

– Ancião, seus momentos de sofrimento neste leito acabaram, venho resgatá-lo para que o senhor continue a sua existência e sua missão em outro plano. Viveu dignamente, soube ponderar sobre seu ego e sobre todos aqueles que dependiam de suas observações, sempre optou pelo diálogo em vez de preferir a contenda, e esta fama se espalhou por toda a região de sua existência. Logo, o senhor está desencarnando um ancião e será levado ao lugar de merecimento da melhor forma possível.

Segurando minha mão, esse nobre homem me leva até a porta onde observo o Senhor dos Caminhos e minha amiga Maria do lado de fora do aposento, expresso um simples sorriso e sou correspondido pelos meus amigos que agora me levam para o mesmo carroção em que me encontrava antes dessas imagens inundarem meus pensamentos.

Tentando organizar em minha mente tudo o que está acontecendo, o Senhor dos Caminhos me dirige as seguintes palavras:

– Senhor ancião, ficamos contentes com seu regresso e venho pessoalmente com nossa companheira Maria lhe agradecer por tão digna encarnação que teve, foi honrado e digno, fez com que nossa missão de "guarda" fosse simples e também digna, então, o guiarei até o plano onde o senhor repousará por alguns dias.

Abraçando o Senhor dos Caminhos com muita ternura, recebo um beijo em minha face esquerda de minha amiga Maria. Lágrimas escorrem de meu rosto de velho, viro meu corpo para trás e vejo o senhor com seu cajado em chamas; enxugando as lágrimas que ainda teimavam em cair do meu rosto, indago:

– Grato pelas palavras, nobre amigo, acredito que tenhamos muito a conversar, pois neste meu período de carne muito você me ajudou, muitos foram seus conselhos e agradeço porque terei agora com você um contato mais claro, pois o senhor que povoava meu sonho agora povoa minha realidade, sou-lhe muito grato.

Fico espantado com as palavras que saíram de minha boca, pois eu nunca tinha visto aquele homem, mais aparentemente eu lhe tratava com muita intimidade; continuando, ainda sem controle de meu corpo este meu suposto amigo começa a colocar suas palavras.

– Nobre ancião, é um homem honrado, acompanhe o Senhor dos Caminhos e nossa querida amiga Maria; eles irão lhe tratar de alguns pequenos ranços que essa sua encarnação "bordou" em seu espírito, detalhes pequenos mas que, com absoluta certeza, nossos amigos irão cuidar muito bem.

Neste momento, desvio meu olhar desse novo amigo e miro em direção ao aposento onde estive; claramente vejo meu corpo deitado e a pequena menina que me acompanhava, com um leve sorriso no rosto, acariciava minha face de velho, logo meu novo amigo novamente me dirige a palavra:

– Ancião, vá agora com nossos amigos, estou ansioso por sua breve recuperação para que possamos aprender um com o outro e continuar nossa missão no plano astral, assim pede encarecidamente o Cavaleiro das Sete Chamas.

Apenas com um sinal de cabeça me apoio no ombro do Senhor dos Caminhos e com um pouco de dificuldade, que acredito seja pelo meu velho corpo, adentro no carroção de meus amigos. Neste instante, novamente perco meus sentidos e a mesma sensação que me trouxe para este lugar me leva de volta para a frente do meu pequeno companheiro. Assustado, coloco-me de pé dentro no carroção e, apoiado nas prateleiras aonde os pequenos frascos ainda teimavam em tilintar, brado com meu pequenino amigo:

– O que houve aqui, pequenino? Por que fez isso comigo, o que causou em mim, pobre alma? – procuro minha espada, que neste momento estava nas mãos do meu pequenino amigo. – Tem sorte de não estar armado, dividiria seu corpo ao meio... mas me aguarde, pequenino, minha ira mira sobre você.

Sorridente, mas com cara de quem poderia me atacar a qualquer momento, calmamente o pequenino retruca:

– Pobre General, ainda não perdeu sua arrogante postura, você é um tolo General, em algum outro momento eu o exterminaria, mas a Lei me solicitou sua renovação e o alicerce de sua guarda nestas bandas, por isso farei o que a Lei manda e não minha vontade – respirando fundo, continuou: – General, o que presenciou foi outra encarnação que seu espírito teve a oportunidade de vivenciar, a lição que tem de tirar desse episódio é que a vida é uma constante, não existe morte, e com essa "regressão" alguns instintos de sobrevivência neste plano da existência também voltaram a seu controle. Olhe suas pernas, General, elas ainda são feitas de metal como seus braços, herança do "Morcego"... olhe firmemente para elas, General, se for de seu desejo, pois irá transmutá-las para a matéria que seu consciente entende como carne, depois olhe lá fora e terá um maior entendimento.

Sentando devagar mas com meu corpo em alerta, executo nem sei bem por que o que meu amiguinho solicitou. Fecho meus olhos e penso que minhas pernas estavam "curadas", nesse momento um calor enorme cobre meu rosto e um clarão faz com que eu abra meus olhos. Quando todos estes sentimentos passam, observo minhas pernas que agora estão curadas, e com os olhos cheios de água retruco ao meu pequeno amigo:

– Senhor da Renovação, como fiz isto? É o responsável por esta magia, estou curado, "pequenino", que Deus o abençoe!

Gargalhando e devolvendo minha espada neste momento, meu jovem amigo torna a falar:

– Tolo General, teima em não entender o que lhe expliquei, está ambientando com esta faixa vibratória, e o controle da mente em relação ao seu espírito é comum por aqui. Temos de continuar nossa caminhada, o tempo está pequeno para a missão que você tem de desempenhar, sente ao lado do Senhor dos Caminhos, agora tenho que conversar com nossa amiga Maria.

Atordoado, troco de lugar com minha amiga Maria e sento na frente do carroção ao lado do Senhor dos Caminhos. Penso no ocorrido mas não dirijo a palavra ao meu nobre amigo. Tentando entender o que houve, começo a observar o trajeto que o carroção faz pela estreita estrada, fixo meus olhos e, novamente, sinto aquele calor sobre meu rosto, e uma claridade faz com que eu feche e abra meus olhos... Para meu espanto, a paisagem muda por completo, onde a escuridão reinava absoluta, e somente o candeeiro do carroção iluminava uma pequena fatia de minha visão. Agora vejo, ainda que a meia-luz, o caminho e me horrorizo com tal visão, a estrada de terra estreita era margeada por um imenso lago, de onde emanava um horrível cheiro de carne podre, e centenas de milhares de pessoas estavam atoladas neste lodo. Tentando alcançar o carroção, gritos de lamúria e terror tomavam conta daquela visão perturbadora, seguro o cabo de minha espada e me dirijo ao Senhor dos Caminhos.

– Nobre amigo, nosso pequenino lá atrás fez algo comigo que não sei explicar, e clamo por algumas palavras suas de conforto, para que eu possa entender o que está acontecendo comigo, pois para meus olhos, onde tudo eram trevas, agora vejo um mar de agonia e desespero, e digo mais, nobre amigo, minhas pernas estão curadas; Senhor, o que tem a dizer?

Com um semblante sério, meu amigo sem tirar os olhos da estrada responde:

– General, o que está observando agora é a real imagem deste lugar, pois antes você não estava preparado para tal experiência, logo a Lei Maior não conduzia sua visão para esta realidade, nublando seus pensamentos para que a mensagem embutida aqui seja totalmente absorvida pelo seu raciocínio. Nosso amiguinho está lhe tratando, General, a missão embutida pela Lei neste pequeno ser, além de alicerçar nossa caminhada, é de renová-lo para esta realidade. Seu espírito estava na matéria densa da crosta, acostumado por certo período a ter uma realidade limitada pela visão. Agora, após sua passagem, sua visão é norteada pelos sentidos, logo seu espírito tem de ser tratado pela renovação para que se equilibre novamente para este ambiente. Fique calmo, General, pode observar que nada por aqui é realmente novidade para o senhor, e como está acontecendo, aos poucos todas as dúvidas serão sanadas. Senhor, observe o final desta estrada, onde uma grande edificação se encontra, cercada de muros altos... Lá é nosso destino, observe que todos os espíritos que se encontram nesses lagos se encaminham para esta edificação, todos eles estão no mesmo processo que o senhor esteve quando conduzido pelo corcunda e pelos animais do Senhor do Conhecimento, cada espírito necessita de um tipo de experiência para que alguns sentimentos sejam esgotados. Sua experiência se passou pelo reino do Morcego, a experiência desses espíritos está se passando pelos auspícios do Senhor da Evolução, esgotando a falsidade, seres que se escondiam sobre mentiras, não mostrando realmente sua verdadeira identidade. Seu nobre amigo, ligado à falange do Morcego, que possui este mesmo símbolo gravado em seu peito, se encontra nesta edificação; lembra, General, da batalha nos campos, onde nosso amigo foi capturado, e um enorme ser também foi capturado pelos seres do mar? Aquele gotoso ser está sendo tratado e uma força energética contrária se encaminha para o reino aquático onde o resgate também será tentado. Nós aqui somos uma força de negociação, tentaremos demonstrar sua ligação com seu amigo e que esta contenda é infundada pelos ditames da Lei Maior. Peço agora silêncio e que se recolha em seus pensamentos, pense sobre tudo que aconteceu até este momento, pois com certeza será de muita utilidade quando chegar o momento de negociar com o ser que domina esta realidade da Criação.

Olhando para o lago no qual milhares de seres peregrinavam em direção àquela grande edificação, escutando seus gritos e sentindo aquele odor desagradável, tento me concentrar em todos os fatos que aconteceram até agora. Desde a queda naquele enorme abismo até o momento em que aquele ser pequenino me curou e me ensinou a trazer para a realidade meus pensamentos. Lágrimas teimam a rolar do meu rosto, continuo tentando focar meus pensamentos no ocorrido, mas é confusa minha situação, nada é realmente claro, tudo é uma grande novidade, nada possui um nexo coerente. Quanto mais penso mais confusos meus pensamentos se tornam em minha mente, este turbilhão faz com que eu entre em estado de pânico, e com um grito de fazer com que até os cavalos parassem com a sua caminhada, me levanto de pé no carroção e esbravejo com toda a força de meus pulmões um urro animalesco; olhando agora para o Senhor dos Caminhos, vocifero em alto e bom som:

– Nobre amigo, estou cansado, dolorido e confuso, não aguento mais tantas mensagens que são colocadas por todos de forma confusa, nada é claro o bastante para que meu entendimento seja rápido, tudo eu tenho que escutar, entender e continuar a prestar atenção em coisas que realmente nem sei se existem. Senhor, com todo o respeito, pare este carroção, não darei mais nenhum passo sem que todas as minhas questões sejam respondidas.

Imediatamente o Senhor dos Caminhos fez com que os cavalos parassem de marchar, minha amiga Maria e meu pequeno amigo estavam com os rostos à mostra por trás da cortina que dividia o carroção; nesse momento, com o olhar fixo em meus olhos, o Senhor dos Caminhos segura em meu braços com extrema agressividade, e contradiz minhas colocações da seguinte forma:

– General, quem está cansado de você somos todos nós, não fizemos outra coisa após sua chegada além de lhe tratar, de lhe dar todo carinho necessário e todo o ensinamento para que possa se adequar a esta realidade, mas mesmo assim o senhor desde sua chegada não perde a arrogância, tenta distorcer todos os nossos ensinamentos ao seu bel-prazer, faz um esforço tremendo para somente criticar nosso trabalho e nossas colocações. Senhor, nós é que estamos cansados, e tenho somente uma coisa a lhe dizer: desça já do meu carroção, mesmo sendo este meu ato contra a Lei Maior, mesmo que eu seja penalizado, não darei mais nenhum passo com você, pois não merece nosso esforço e nossa dedicação, porque o senhor ainda é aquela criança mimada que se debate no chão quando as coisas não acontecem do jeito que quer, General, saia do meu caminho agora!

Com um simples empurrão do Senhor dos Caminhos em meu braço, sou literalmente arremessado para fora do carroção e caio com as costas no chão a aproximadamente três passos largos do veículo; atordoado, levanto-me o mais rápido que posso, pois naquele momento entendi que o que fiz não foi a maneira correta de lidar com os problemas que me ocorriam, pois com certeza sozinho neste lugar eu não iria sobreviver nenhum instante. Observo que o Senhor dos Caminhos começa a manobrar o carroção para o caminho contrário de onde estávamos indo. Desesperado, tento reorganizar minhas ideias para que eu tente impedir que meus amigos me abandonem neste lugar, giro meu corpo para os lados tentado ver se não sou atacado por nenhum ser que se encontra naquele mórbido pântano, mas por incrível que pareça, eles nem tomam conhecimento do ocorrido, continuam a gritar em agonia e caminham em direção às enormes muralhas que circundam aquela antiga edificação.

Nesse momento, meu pequenino amigo dá um salto do carroção em minha direção e, sem perder tempo, estampa um sonoro tapa em meu rosto que me derruba ao solo, e pula com os joelhos em meu peito, impedindo-me de qualquer reação; de forma extremamente agressiva, grita em meus ouvidos:

– General, você é burro deste tamanho ou está testando nossa paciência? – sinto outro tapa em meu rosto. – General, não conseguirá

cumprir sua missão sozinho, o Senhor dos Caminhos e a senhora Maria, juntamente com meu auxílio, são os únicos seres do universo capazes de alicerçar sua missão de resgate; logo, pare de reclamar e de tentar colocar lógica onde não existe! Se não compreende tudo, observe que aos poucos sua mente está se adequando a esta realidade e sua compreensão está cada vez interagindo mais com nossos ensinamentos. Não seja uma criança mimada pedindo colo, seja homem criado, General, fique em silêncio e continue a escutar o Senhor dos Caminhos. Ao final desta nossa aventura, o senhor estará livre de todos nós se esta é a sua vontade, mas pelo momento pare, General!
– sinto outro tapa em minha face.

Meu pequenino amigo sai de cima de meu peito nesse instante e aponta o carroção que está parado na estrada, com o Senhor dos Caminhos sentado com as rédeas dos cavalos em mãos, somente me observando sem ter nenhuma expressão em seu rosto. Agora, começo a caminhar em sua direção e, cabisbaixo, direciono minhas desculpas ao Senhor dos Caminhos:

– Nobre Senhor dos Caminhos, fui um tolo em não compreender seus ensinamentos, me desculpe por esta desfeita, lhe prometo que não mais irei contrariá-lo.

Ainda sem esboçar nenhum sentimento em seu rosto, o Senhor dos Caminhos somente aponta com os olhos o lugar vago no carroção ao seu lado. Caminhando cabisbaixo me acomodo no lugar de costume e escuto uma gargalhada de minha amiga Maria seguida da seguinte frase:

– Homens, possuem corpos enormes mas mentes infantis, não conseguem resolver nenhum assunto sem colocar seus corpos para funcionar. Senhores, vocês me cansam...

Olho para o Senhor dos Caminhos que continua sem nenhuma expressão, e com um pequeno solavanco nas rédeas dos cavalos, novamente o carroção começa a se mover em direção à antiga edificação.

15

A Muralha

O silêncio era sepulcral no carroção do Senhor dos Caminhos, tento organizar meus pensamentos e observar tudo ao meu redor. A cada minuto que passa a muralha daquela edificação fica mais perto, e olhando para os lados que nos cercam, os seres que ali habitam se tornam cada vez mais numerosos, os gritos de lamúria tomam conta do ambiente completamente, centenas de seres se pisoteiam e se agridem de modo insistente e caminham em direção à muralha. De repente, aquele antigo sentimento percorre minha espinha, pois consigo distinguir no meio daquela multidão Bartolomeu, meu mestre de batalhas; com um sentimento confuso e com as palavras embriagadas de choro, dirijo-me ao Senhor dos Caminhos:

Senhor, pare este carroção pelo amor de Nosso Senhor Jesus Cristo – enxugando minhas lágrimas continuo: – Avistei meu amigo Bartolomeu, meu querido mestre de batalha, por tudo que é mais sagrado, pare este carroção, tenho que resgatá-lo.

Nesse momento o Senhor dos Caminhos para o carroção e uma leve garoa começa a cair sobre nossos rostos, um pequeno sentimento de frio toma conta do ambiente, e segurando meu ombro como era do seu costume, dirige-me a palavra:

– General, este é sim seu amigo Bartolomeu, mas infelizmente não é possível seu resgate agora, a Lei Maior nos designou a resgatar nosso amigo que está por trás daqueles muros. Seu amigo Bartolomeu está onde é de seu merecimento próprio, ainda não aceitou sua passagem, observe que seus olhos são totalmente brancos, ele está cego, amigo General, sua recuperação depende somente dele, ainda não chegou ao estágio em que você está, General. De uma forma comparativa, seu amigo está no estágio em que você se encontrava quando estava sendo devorado pelos supostos ratos... Haverá tempo suficiente depois de nossa missão para efetuar também esse resgate, mas lhe peço, General, não percamos mais tempo, nosso amigo está por detrás daquela edificação e, a cada minuto que se passa, fica mais difícil seu resgate.

Enxugando meus olhos, concordo somente com a cabeça, e nosso carroção começa a se movimentar novamente, e meu amigo Bartolomeu fica cada vez mais longe de nós. Em toda minha vida nunca deixei nenhum soldado para trás, mas pelo que observo, as Leis por aqui são diferentes. Entendi que temos de passar por situações únicas e pessoais, e cada um possui uma situação a ser resolvida, ninguém interfere em nada, as coisas são resolvidas de forma única e individual, restando a mim neste momento focar todos os meus esforços no resgate de um suposto amigo que eu mesmo nem sei direito quem é. Só sinto que o que estou fazendo é a melhor coisa neste instante.

Olhando à frente, vejo que estamos diante de uma pequena porta, a qual somente um homem consegue passar por vez. Na frente dessa porta se abre uma praça de terra, onde meu amigo manobra o carroção, estacionando com maestria. Nesse momento, minha amiga Maria e meu pequeno amigo já estão de pé ao lado do carroção esperando nosso desembarque. O Senhor dos Caminhos foi o primeiro a descer e se dirigiu até os cavalos, acariciou e amarrou o primeiro ao último e, por fim, amarrou nosso carroção em uma árvore que se encontrava à nossa frente. Ainda em silêncio, desço do carroção e espero as indicações de meus amigos; nos colocamos em círculo e meu pequeno amigo começa a falar:

– Amigos, vocês sabem que eu mesmo não queria estar aqui, estou somente porque a Lei Maior me designou a seguir vocês e tentar alicerçar nosso amigo General – com um sorriso maroto em seu rosto, prossegue. – O risco de adentrar esta edificação é enorme, podemos ficar aprisionados por um grande lapso temporal, o Senhor da Evolução, dono deste pântano, desta edificação e doutrinador destes milhares de espíritos que se encontram em seu pântano, e outros milhares que estão por de trás deste muro, não possui muita estima pelo nosso amigo General. A batalha junto aos Guardiões Marinhos foi provocada com um único intuito de tentar aprisionar nosso amigo General e o outro espírito que por uma manobra errada de batalha foi aprisionado. O Senhor da Evolução está usando como isca este amigo para ter em seus domínios o General; todos aqui sabem que estamos num número pequeno, nossa derrota será certa, e todos nós seremos encarcerados... Tenho o domínio energético deste nível, mas dentro a edificação da Lei Maior diz que o Senhor da Evolução é quem manda. Estamos num dilema, alguém tem alguma ideia para que possamos adentrar de forma segura?

Neste momento, a pequena porta se abre atrás de nós, um ser totalmente deformado amparado por um cajado faz sinal para que entremos, a visão do horror toma conta do meu ser, aquela pessoa não era feita de carne e ossos, era constituída de barro e lodo. Um cheiro de água podre exalava daquela criatura, as pontas de seus pés eram cobertas de vegetação, e de sua boca minava insistentemente um líquido negro que o impedia de falar. Ainda horrorizado volto meu olhar aos meus amigos; agora Maria toma a frente de nossa conversa:

– Senhores, nosso amiguinho tem razão, mas por outro lado a Lei Maior permitiu que chegássemos até aqui, o que acredito ser interessante neste momento; vamos tentar invocar nosso amigo ancião, com certeza ele é o único que pode nos auxiliar agora, e por não fazer parte deste nível e ter a permissão de andar por aqui, seguindo-o, nosso risco irá diminuir.

Naquele instante todos olham para o Senhor dos Caminhos, cobrando algum posicionamento dele, e, cabisbaixo, concorda com nossa amiga Maria somente com um aceno de cabeça. Todos nos colocamos de joelhos formando um círculo, e de mãos dadas nosso pequeno amiguinho começa a proclamar:

– Neste momento convoco a Lei Maior, este seu cervo natural solicita um canal de comunicação com o outro lado da Criação, suplico à mão direita de Deus que o ancião que alicerça a estrutura evolutiva de nosso amigo General se faça presente, pois esta é a vontade e a solicitação do Natural Renovador que sustenta a caminhada e o aprendizado do espírito humano posto aqui agora.

Nesse instante um facho de luz brota do meio das nuvens que teimam em pairar nos céus desde que chegamos, um tubo de luz branca desce no meio de nós onde uma silhueta de uma pessoa começa a se estruturar, meus três amigos tocam a testa no chão num tipo de sinal de respeito àquele ser que se formava. Eu, por minha vez, não conseguia tirar os olhos daquele fenômeno à minha frente; com um estrondo como fosse um trovão, o facho de luz se fecha e como um milagre um senhor se posiciona diante de nós e coloca algumas palavras:

– Caros amigos, sou muito grato por esta solicitação, sou honrado de ser o pêndulo evolutivo desta família espiritual, e me coloco à disposição para adentrarmos neste castelo e fazer cumprir a Lei Maior, pois se aqui vocês chegaram, nada mais impedirá a chegada de vocês ao cumprimento de seus destinos.

Nesse momento, nossa amiga Maria segura nas mãos daquele senhor que está à nossa frente beijando-as em um sinal de respeito, o senhor se abaixa, levanta nossa amiga pelos ombros e a abraça de forma fraternal com os olhos embriagados de lágrimas dizendo:

– Minha filha, não precisa de cerimônia nenhuma comigo, eu que tenho de me curvar perante sua potência e sua formosura, este velho aqui se alegra em poder ajudar e compartilhar essa experiência que com certeza irá aumentar nosso poder evolutivo, pois toda a forma de existência possui o dom de auxílio e parâmetros de evolução, mesmo o ser que está em total desequilíbrio possui uma mensagem para que todos continuem caminhando em direção às nossas melhores qualidades; mas, minha filha, sua visão alegra demais este velho aqui que todos chamam de João.

O senhor à minha frente é um negro alto e forte, apresentando uma face de avançada idade, mas um corpo invejável a qualquer guerreiro, mãos fortes, ombros largos se sobressaem perante a realidade do lugar, vestindo uma camisa e uma calça de campanha branca como as nuvens dos Carpatios, um largo sorriso ilumina aquele ser que vira em minha direção e segura minhas mãos, completando:

– General, está de volta por estas bandas, mas desta vez com uma nobre missão de resgatar seu par, não se preocupe nenhum instante, pois o que os "ventos da lei" irão nos trazer é somente a chance de evoluirmos e nos tornarmos espíritos que honrarão os ditames da Lei. Tudo a seu tempo será esclarecido, General, por enquanto fique próximo do Senhor dos Caminhos e siga suas instruções, no devido tempo conversaremos o necessário.

Assim, nosso amigo se posta diante daquela pequena porta à frente que se destaca da muralha. Neste momento o ser deformado que fazia insistentemente sinal para entrarmos começa a gargalhar num sinal de zombaria em relação ao nosso novo amigo, mas sem se importar com essa postura o negro com um sinal de cabeça ao Senhor dos Caminhos começa a caminhar em direção à porta, e se aproximando do deformado ser, somente com o olhar faz com que este se afaste da porta e, dessa maneira, todos nós adentramos naquela edificação.

Gritos de lamúria e xingos com palavras de baixo calão são ouvidos a todo instante, som este que insistentemente emanava de pequenas aberturas que rodeavam a base de uma enorme edificação. Essa construção não possuía nenhum tipo de adereço, somente paredes retas, pequenas aberturas de formato redondo se espalhavam de forma rareada por essas paredes, onde claramente se observa a figura de homens e mulheres que gritavam para que nosso grupo fosse embora o mais rápido possível. Na base dessa parede, à frente, duas portas enormes que ao meu ver pareciam de ouro lentamente começam a se abrir e um ser aparece neste instante. Uma enorme figura humana masculina de físico extremamente avantajado, com o dobro do meu tamanho e segurando um machado de dois gumes em uma das mãos, e o que mais impressionava é que sua cabeça não era humana, mas de uma ave de rapina com a penugem branca até o meio do peito; somente um pequeno punhado de penas negras se destacava naquele horrível ser.

Nosso grupo não demonstrou nenhum tipo de receio em continuar nossa caminhada, e com passos largos continuamos a caminhar até a porta; de fronte à Águia Humana, o Senhor dos Caminhos declara:

– Guardião Guerreiro do Castelo do Senhor do Lamaçal, você que guarda os segredos e aprisiona espíritos para o Senhor da Evolução, aqui se postam cinco espíritos que solicitam a entrada nesta edificação e uma audiência com o Dono deste lugar, a Lei Maior assim permitiu e essa é a vontade do Senhor dos Caminhos!

Neste momento, a Águia Humana emite um som estridente que por alguns instantes me lembrou do homem-morcego, e com apenas um sinal feito por uma de suas mãos faz com que nosso grupo o siga ao nosso destino final.

Por dentro, a edificação era a mais horripilante que eu havia visto até o momento desde minha chegada. Um único caminho levava a um trono onde um ser enorme e grotesco estava sentado com uma massa de guerra em uma das mãos, por dentro não havia teto, e todas as quatro paredes que nos cercaram era preenchidas na totalidade por celas nas quais milhares de seres estavam aprisionados e gritavam sem parar. Uma escada circundava toda a edificação onde, de tempos em tempos, guardas insistentemente batiam e torturavam aquelas pessoas, o cheiro de água estagnada enjoava meu estômago, o odor fétido fazia com que nosso grupo tampasse a boca e o nariz com o intuito de minimizar a horrível sensação; o ser à nossa frente possuía um semblante sério e, assim que chegamos, colocou algumas palavras:

– Vejam só, cinco seres adentram nos meus domínios e querem falar com o Senhor do Lodo! Vocês são tolos ou perderam por completo o juízo? Essa porta que vocês transpassaram abre somente para um dos lados, todos vocês não sairão mais dos meus domínios e ficarão aqui por toda a eternidade! – gargalhou de forma gutural.

Nesse momento, novamente sinto um misto de medo e uma sensação que eu deveria atacar aquele "monstro"; neste instante, o negro que estava à frente do grupo responde com a voz firme:

– Senhor do Lodo, a Lei Maior permitiu que chegássemos até aqui, viemos em paz para resgatar um espírito que não possui méritos ou deméritos para estar aprisionado aqui. A Lei Maior nos protege e nos guia em nossa missão, e assim essa noite não haverá contenda; devolva nosso amigo que nosso retorno será pacífico e silencioso como nossa entrada!

Agora de pé o grotesco ser responde:

– Negro insolente, você deve ser aquele que a Lei Maior chama de João, mas lhe lembro de que não sou o senhor deste pântano por acaso, meu grau solidificou esta edificação, e meu trabalho encaminha e equilibra todos os que aqui entram em nome da Lei Maior, logo quem decide quem vai ou quem fica sou eu, e não é da minha vontade que ninguém saia daqui. O espírito que você relata foi aprisionado em campo de batalha, portanto a Lei Maior me dá o direito de tê-lo como prisioneiro, e no mais eu nem precisava dar nenhuma satisfação a você, velho insolente – neste momento uma agitação toma conta do lugar e duas águias humanas que saíram de uma cela atrás do trono do monstro se colocam em posição de combate; o ser diabólico continua: – Tolos, aqui o grau que vocês representam torna-se inferior ao meu! Preparem-se para uma eternidade de dor e de sofrimento! Guardas, ataquem!

As águias humanas disparam em nossa direção emitindo um grunhido estonteante, eu procuro minha espada ígnea para entrar em combate, mas o Guardião dos Caminhos somente com o olhar me impede. Nesse momento, o Negro João começa a emitir uma luz de cor violeta pelas mãos que, como uma flecha, acerta as águias à frente fazendo com que elas tombem e entrem em estado de convulsão. Dirigindo a palavra ao monstro diante de nós, nosso parceiro João com a voz firme proclama:

– Senhor do Lodo, novamente aponto que não há necessidade de contenda, por favor, pare com isso, pois essa postura fará com que todos nós, inclusive o senhor, perca perante a Lei Maior! O que viemos fazer aqui é de nosso direito e quer o senhor queira ou não nós iremos fazer!

Com um olhar de ódio mas entendendo bem o que está acontecendo, o monstruoso ser se posta novamente em seu trono e coloca:

– Senhores, há muitos anos estou aqui doutrinando milhares de espíritos pelos tempos, as diversas encarnações dos espíritos humanizados fazem com que sua "dívida" perante a Lei Maior aumente, pela Lei Maior tudo evolui, assim, os espíritos que param de evoluir por mérito próprio ou por posturas que agridem a Lei Maior fazem com que seu magnetismo seja atraído até mim. Não possuo nenhum tipo de sentimento em relação a esses seres, e como o Senhor dos Caminhos que está a minha frente, somente executo e esgoto sentimentos e sentidos impeditivos à evolução desses espíritos. Mas o espírito que foi aprisionado me deve algo que todos vocês sabem, assim não é de minha vontade, nem tampouco da Lei Maior que ele saia daqui até ser totalmente esgotado, e vocês nem imaginam como esse processo de esgotamento é feito por aqui! – gargalhando.

Naquele momento fui tomado por um sentimento de fúria descomunal, empunhando minha espada ígnea, grito de forma descontrolada:

– Horripilante Monstro do Lodo, pare de falar conosco por meio de parábolas, o Irmão a que vim buscar não lhe deve nada, liberte-o rapidamente, pois a fúria do General está em sua direção agora!

Uma gargalhada toma conta do ambiente, os gritos das celas ao nosso redor é ensurdecedor agora. O Monstro ainda sentado não para de gargalhar, centenas de seres começam a sair das celas e se postam como um exército ao nosso redor, um sentimento de ira me toma e, por extinto, começo a caminhar em direção ao Monstro. Meus quatro companheiros nada fazem e me sinto sozinho para a batalha, e com a mesma voz firme o negro João se posta:

– Pare, General, nós viemos resgatar seu amigo e não guerrear – olhando para o Monstro, o senhor João continua: – Senhor do Lodo, ignore essa ameaça, o Senhor sabe que o General ainda está desequilibrado pela sua sofrida passagem; solicito perante seu grau que liberte o espírito a que viemos buscar e tudo se resolverá em minutos.

Um silêncio sepulcral toma conta do ambiente, neste instante o amigo a que viemos carregar é trazido ao salão onde estamos; sua aparência é desastrosa, sinais de ferimento estão por todo seu corpo, está desprovido de qualquer veste e com os ossos das costelas aparentes pela falta de alimentação e pela tortura. Desse modo, meu amigo é jogado aos pés do trono do Monstro que gargalhando proclama:

— Senhores, olhem este verme aqui, o sofrimento imposto por mim a ele é do tamanho exato de seu merecimento, mas pelo que vejo o General está ignorante aos fatos que ocorreram para que a Lei Maior fizesse com que eu me encaminhasse até o campo de batalha e fizesse esse espírito prisioneiro, assim vou contar ao General o que acontece.

Nesse instante guardo minha espada e procuro no salão meus amigos que estão postados a alguns metros atrás de mim. O cheiro de podre ainda me incomoda, e aquele sentimento estranho teima em percorrer minha espinha me deixando em sinal de alerta, mas por extinto me aquieto e começo a prestar atenção no que o Monstro tem a dizer; dentro de um silêncio sepulcral que invade a câmara, meu alvo começa a verbalizar:

— Ignorante General, o senhor não sabe quem eu sou nem o que seu amigo fez, assim não tem o direito de invadir meus domínios e querer executar, por conta própria, algo que ainda não tem a clareza para se posicionar — sentado de seu trono e olhando fixamente nos meus olhos, o Monstro continua: — General, este verme aos meus pés está aqui porque foi atraído magneticamente aos meus domínios, você precisa entender que tudo energeticamente está interligado. Todos nós somos espíritos humanizados que possuímos o mesmo ventre primário; se o verme não tivesse sido capturado, o senhor não teria se embrenhado nesta campanha de resgate nem teria aprendido nem esgotado seus sentimentos e postura pelo Senhor dos Caminhos. Assim, preste atenção, o verme foi atraído por mim porque estava nos domínios do Senhor Morcego executando as tarefas do grau, mas por algum motivo ele, embriagado pela vaidade, começou a se rebelar em relação ao possuidor do grau, fazendo que uma legião de espíritos o seguisse, e este ato foi contra a Lei Maior e então todos os espíritos pararam de evoluir. O senhor não foi capturado também porque é um pupilo do Senhor dos Caminhos e quando empreitou com o verme algumas tarefas, estava ignorante dos fatos, assim foi poupado; o verme, por outro lado, mesmo alertado continuou a se rebelar e a cada período que passava angariava mais adeptos, logo uma batalha se fez necessária para que houvesse o equilíbrio energético e a captura do verme para que ele fosse esgotado destes sentimentos que impediam sua evolução; tão logo minha tarefa passe, o verme será devolvido ao Senhor Morcego.

Entendendo parcialmente o que houve procuro meus amigos, esperando uma resposta para que minhas dúvidas fossem sanadas, pois com aquelas colocações ao que me parecia estávamos errados em estar naquele lugar pleiteando algo que não era de direito. Mas sem demora, nossa amiga Maria se posiciona e retruca com o Monstro à frente:

– Senhor do Lodo, o Senhor tem toda razão, nosso irmão agiu de maneira errada em formar um motim contra o grau do Senhor Morcego, e será esgotado sem sombra de dúvida, mas o Senhor mesmo sabe que seu grau não é capaz de esgotá-lo, pois o debilitado irmão que está aos seus pés já possuía o grau do Morcego, e assim seu esgotamento deveria se dar em outro Trono que não o seu. Respeitosamente viemos em paz para que esse espírito seja levado por nós e depositado no grau de direito, mas pelo que vejo o estado dele é tão lastimável e dificilmente poderemos equilibrá-lo nesta dimensão.

Enfurecido, o Monstro se levanta e reclama aos gritos:

– Insolente mulher, se capturei um espírito que possuía grau isso não lhe diz respeito nem a ninguém, pois minhas vontades em meus domínios são soberanas; logo, parem de me perturbar e saiam daqui por onde entraram, ou terei mais cinco prisioneiros em minhas masmorras!

Todos neste momento se entreolharam e o senhor João com o rosto sereno, mas com a voz firme, reponde ao Monstro:

– Senhor do Lodo, não estamos em momento nenhum querendo afrontá-lo, somente somos uma força de paz que veio respeitando a Lei Maior, desejamos levar este espírito para onde a Lei por direito direcionou. Caso nossa empreitada não seja cumprida, os espíritos ligados ao Senhor dos Caminhos somados com os espíritos ligados ao Senhor Morcego e os irmãos do Mar tomarão direção ao seu castelo para executar o dito resgate, pois a Lei Maior assim o diz. Entendemos que o Senhor é soberano aqui neste lugar, e nada irá derrotá-lo, pois seu ponto de força faz com que a sua energia e a dos seus seja multiplicada, mas numa contenda não há vencedor, todos os lados irão perder. Senhor, peço que nos deixe levar este irmão, assim um espírito a menos no seu domínio não lhe fará tanta falta quanto a perda de um número maior em algum processo de batalha.

Olhando-nos fixamente, o Monstro retruca:

– Negro João, o senhor possui razão, mas sabe também que tenho o direito a uma troca em relação a este espírito caído, assim devolverei este verme em troca do General, pois ele em estado de desequilíbrio pode ser esgotado em qualquer grau; levem o verme graduado e deixem o General, pessoalmente o equilibrarei por meio do esgotamento necessário premiado a mim pela Lei Maior – termina a frase com uma estrondosa gargalhada.

Um medo descomunal toma conta do meu ser, medo de ser abandonado neste lugar que mais parece os esgotos de minha terra natal, mas sem demora nosso pequeno amigo com aparência de réptil gargalha profundamente e se coloca diante de mim em posição de proteção, e se pronuncia em alto e bom som:

– Senhor do Lodo, o General o Senhor não irá levar, ficamos todos aqui ou saímos todos daqui, não estou no meu domínio, mas sou natural de um grau, não entre em confronto comigo que em segundos todos os naturais ligados a mim irão entrar por aquela porta, e o Senhor sabe que se isso acontecer, nem a Lei Maior terá tempo de impedir que o derrubemos e toda essa edificação! – emitindo um som gutural meu amiguinho continua: – Senhor do Lodo, vamos terminar isso em paz, o Senhor sabe que o espírito que está aos seus pés será esgotado no grau de merecimento e seu grau não tem a potência necessária para continuar esse esgotamento, assim pare de reclamar e deixe-nos ir embora, e tudo voltará à normalidade de que os graus necessitam para continuar sua missão!

Um estrondo se dá ao longe, uma explosão que lembra a artilharia pesada de meu último inimigo. Após isso, um enorme barulho de passos pesados se faz sentir no ambiente, tentando observar de onde vem esta impressão de algo caminhando; coloco-me novamente em posição de ataque, mas em segundos, a porta que entramos é arremessada por uma explosão que a faz desintegrá-la, entro em estado de pânico, pois serpentes negras cuspindo fogo adentram no salão clareando como o sol o ambiente pouco iluminado. Penso neste momento que algo que desconheço adentrará naquele ambiente, e sinto que isso colocará em risco todos nós, inclusive o Monstro que teima fazer com que não cumpríssemos nossa missão.

Naquele instante, um enorme ser adentra no recinto, com uma espada negra nas mãos, uma capa escura cobre sua pele avermelhada e pesadamente caminha em nossa direção. Seu tamanho era de três homens, seu físico era imenso; um silêncio sepulcral toma conta do ambiente, e todos no salão se ajoelham, menos o negro João e eu. Perplexo com aquela figura, tiro minha espada da bainha e parto em grande velocidade em sua direção para tentar impedir seu progresso, mas o negro João segura em meu braço esquerdo e acena a cabeça com um sinal negativo impedindo que eu continuasse minha empreitada.

Uma mescla de sentimentos toma conta do ambiente, um misto de medo e respeito emana de todos do salao, minha cabeça está confusa com esta cena que parece mais um relato dos infernos feito pelo padre de meu reinado. Uma das serpentes paira em minha frente e observa atentamente se eu efetuarei algum movimento que seja agressivo ao seu mestre, sinto seu hálito putrefato e o calor de suas entranhas em meu corpo. O medo me possui neste momento e faz minhas pernas tremerem, mas o negro João, ainda segurando meu braço, cumprimenta o diabólico gigante:

– Salve o Mentor Negativo da Lei, o velho amigo saiu do seu sacro domínio e veio me auxiliar nesta desordenada campanha?

Fixamente olhando para o negro João e com uma voz que parecia um trovão, o gigante responde:

– Negro João, quanto tempo, me alegro em vê-lo, mas ao mesmo tempo me entristeceu que nosso encontro seja motivado por uma contenda sem fundamento, pois a energia que emana desta situação chegou ao meu conhecimento, a Lei Maior que tudo vê mostrou-me que este entrevero de vocês não possui conivência perante os ditames da Lei Maior, e para que um mal não aconteça se faz necessária minha presença para equilibrar a ocasião, assim se pronuncia o Mestre Negativo da Lei!

Sorrindo, o negro João curva a cabeça em sinal de respeito e o gigante continua a se pronunciar:

– Senhores Guardiões de seus Mistérios, parem com essa contenda desnecessária, todos vocês estão submetidos à Lei Maior e eu sou o Mestre Negativo da Lei, possuo o controle energético de todo este plano da existência; assim, o que será feito neste momento é a devolução do espírito torturado aos cuidados do Guardião dos Caminhos e da Guardiã Maria, o jovem natural ficará sob os serviços do Senhor do Lodo por dois ciclos a fim de esgotar os processos impeditivos em relação à frequência renovadora deste lugar. O Senhor do Lodo abusou de seu grau por levar este espírito a uma tortura desnecessária, assim dois créditos de seus domínios serão tirados e por três ciclos o segundo do comando do "Lodo" ficará à frente do grau para dar continuidade aos procedimentos da Lei Maior. Peço que sete naturais do Lodo que se encontram no pântano adentrem nesta edificação para dar o alicerce necessário ao natural da renovação, desse modo o equilíbrio energético se fará nos ditames da Lei; uma das Serpentes da Lei que me acompanham ficará neste castelo para que minhas ordens sejam cumpridas, e você, desequilibrado General, por mim o deixaria aqui neste reino, mas em respeito ao negro João deixo essa decisão à Lei. Agora, que minhas ordens sejam cumpridas!

Todos se entreolham neste instante, e, cabisbaixo, o Monstro grotesco deixa o trono e outro ser demoníaco toma o seu lugar, este apresenta um largo sorriso, mas tem um físico magro, seu corpo é coberto por um manto escuro. O Monstro grotesco pega nos braços de nosso amigo e o entrega ao Senhor dos Caminhos que, com nossa amiga Maria, rapidamente saem do recinto em direção ao carroção que está do lado de fora do castelo. Neste momento meu jovem companheiro de caminhada, condenado a ficar neste castelo por algum tempo, fala comigo:

– General, tudo aconteceu como deveria acontecer, fique tranquilo, resgatamos seu amigo e você está sob a proteção do negro João; relaxe que tudo voltará ao normal, e quando você menos esperar nos encontraremos para a continuação de nossa evolução! – com uma gargalhada marota meu amigo se afasta de mim e se posiciona ao lado do novo dono do trono daquele reinado.

Olho para meu amigo João esperando sua sentença em relação a minha situação, pois pelo gigante que adentrou neste ambiente meu fim seria certo; com um olhar fraterno, o negro João responde ao gigante:

– Mestre Negativo da Lei, agradeço por sua confiança e o General continuará com o Senhor dos Caminhos auxiliando o deliberado irmão que foi resgatado. Assim, agradeço à Lei Maior pela sua intervenção e oro para que nosso próximo encontro não tarde e seja feito na mais pura paz como é a vontade da Lei Maior.

Ainda sem entender nada, sigo meu amigo João até a saída daquela edificação, deixando para traz meu pequenino amigo. Esse ato me deixa entristecido e me faz lembrar as perdas em campo de batalha, pois é a primeira oportunidade que deixo um companheiro de batalha para trás em solo inimigo. Do lado de fora observo o Senhor dos Caminhos desatando os cavalos que fazem o carroção andar de forma rápida e precisa, vejo também minha amiga Maria sentada na frente do veículo fazendo um gesto para que eu me apressasse em sua direção e, assim, observo o negro João que está em minha frente e indago:

– Bravo amigo, estou muito agradecido a você pela dádiva da libertação deste domínio, não saberia dizer o que aconteceria comigo se eu fosse aprisionado por aquele ser demoníaco, meu muito obrigado!

Com um sorriso largo, meu amigo me abraça fraternalmente e retruca minhas colocações:

– General, não há necessidade de me agradecer, o que realizei só me traz alegria e contentamento, pois neste lugar sua evolução seria impedida, siga seu caminho com seus companheiros de viagem agora, e somente lembre que todos neste local são irmãos, fazem parte de uma única matriz divina; logo, monstros não existem, o que há realmente é a existência de mentes desequilibradas que se sobressaem nesta realidade da natureza. Fique em paz, General, e que os auspícios dos divinos o acompanhem nesta caminhada.

Libertando-me daquele abraço paternal meu amigo acena em direção ao carroção e, com o mesmo sorriso, olha aos céus, e uma luz clara se precipita dentre as pesadas nuvens e faz com que o negro João se desfaça perante meus olhos. Assim mais que depressa me viro em direção ao carroção e com um único salto me sento ao lado de meus amigos de viagem e me mantenho em silêncio. Maria sem promover nenhum tipo de som se locomove para a parte de trás do carroção, imagino eu que esse ato é para que algum tipo de socorro se faça com a vítima a que viemos resgatar; escuto agora o Senhor dos Caminhos comandar um trote dos cavalos para que nosso veículo rapidamente saia daquele lugar, e olhando diretamente nos meus olhos meu velho amigo se direciona a mim:

– General, acredito que hoje foi um ótimo dia de ensinamento para você, pois o resgate de seu irmão se fez nos ditames da Lei Maior, acredito que esteja sedento de dúvidas em relação ao ocorrido, mas chegará a seu tempo a hora de elas serem sanadas, neste momento peço somente seu silêncio, pois tenho muito a lhe dizer.

Concentro-me nas palavras de meu amigo, e com um único sinal de cabeça peço para que ele continue com suas colocações.

– General, você está numa esfera de esgotamento, foi operário do Senhor Morcego para que a doutrina em relação a sua soberba seja esgotada, sua perturbação ainda se faz, mas alguns relances de consciência também se fazem presentes, preste assim muita atenção, General – golpeando os cavalos para que nosso veículo se movimente com mais velocidade, meu amigo continua: – Todos nós, inclusive eu e nossa amiga Maria, temos de obedecer aos ditames da Lei Maior, esses que estão forjados em nossos espíritos, inclusive em você; bilhões de espíritos humanos habitam esses vales e colinas, todos à procura de processos evolutivos, e por meio do trabalho todos serão resgatados por algum grau de afinidade, pois somente assim se fará o equilíbrio e a evolução irá retornar.

Observo o sério semblante de meu amigo e lhe faço uma pergunta:

– Nobre Senhor dos Caminhos, alguns termos que o Senhor pronuncia não consigo compreender, por favor, o que seria esse grau que todos teimam em falar?

Ainda sério meu amigo responde:

– General, tudo evolui, todos que aqui estão são espíritos, sejam humanos, naturais ou elementais; os graus são o porto seguro desses espíritos, são a comunhão com a Lei Maior, e quando um espírito se afina com a energia da Lei Maior, criando uma egrégora facilitadora dos processos evolutivos, neste plano da criação os graus são esgotadores, ou seja, fazem a doutrinação dos espíritos pela eliminação de sentidos e sentimentos não naturais que são impeditivos aos processos de evolução. Esses graus são divididos pelas qualidades energéticas que as egrégoras emanam, veja por mim, General, sou um espírito humano que colou ao grau Senhor dos Caminhos, neste momento respondo por esse mistério, esse nome simbólico descreve minha capacidade energética esgotadora, a simbologia do caminho e a analogia da estrada evolutiva; logo, minha qualidade maior é de esgotar sentidos e sentimentos não naturais que impedem a evolução de nossos irmãos, compreendeu, General?

Alegre em ser atendido pela minha indagação, continuo:

– Senhor dos Caminhos, o que seria sentidos e sentimentos não naturais?

Agora sorrindo, meu amigo responde:

– General, pense assim, tudo a nossa volta é uma matriz perfeita, o plano terrestre que você habitava antes de sua passagem é perfeito, uma única matriz formou todos os planos da existência e tudo que habita nela; logo, tudo é primoroso, pois se tudo foi criado por uma matriz perfeita, tudo da mesma forma também o é, pois se não fosse assim a matriz não seria perfeita – golpeando novamente os cavalos, segue meu amigo: – Nossos espíritos são milenares e possuem a perfeição da matriz geradora, mas a perfeição nos criou com vontade própria e essa vontade que está alojada em nosso mental faz com que todos nós desrespeitemos nossa perfeição. Nosso mental absorve vontades e desejos que são gerados pela sociedade em que vivemos, pelos valores que habitam cada plano da existência, e normalmente essas posturas são direcionadas a fazer com que nos afastemos da nossa essência que é perfeita, fazendo com que cada um de nós em determinada possibilidade de nossa existência cometa atos indignos, que são contra a vontade de nossos espíritos, pois o natural é conviver em paz com o plano energeticamente afim que nosso espírito nos atraiu, natural é fazer com que nosso espírito se harmonize perante o universo, nossos irmãos e tudo que habita a natureza, assim nossa evolução será certa; tudo que nos afasta do nobre sentimento do amor não é natural, logo tem de ser esgotado para que cada espírito evolua.

Confuso, retruco ao meu amigo:

– Senhor, com todo o respeito, como saberei se o que pratico é natural ou não?

Olhando para a pequena trilha que segue nosso carroção, meu amigo responde:

– General, natural é fazer com que seu espírito congregue com a natureza, pois ele é perfeito e não necessita de nada mais do que ele mesmo, se por algum motivo você sofre de algum desgosto, seja ele material ou espiritual, esse sentimento foi gerado pelo seu mental e não pelo seu espírito, pois seu espírito é perfeito e a perfeição não caminha em direção do sofrimento. General, seu espírito grita dentro de você para que haja sua evolução, assim quando comete algo que esteja em desacordo com as vontades de seu espírito, seu mental necessariamente tem de ser esgotado.

Ainda meio confuso, retruco:

– Senhor dos Caminhos, como saberei quando não hajo com atos naturais?

Meu amigo responde:

– General, a angústia é seu divisor de águas, quando no momento de cada ato seu peito se inflama com sentimento angustiante, saiba que esse ato não é natural e em algum momento ele será esgotado, mas, General, por enquanto basta desta nossa conversa, adentre para o compartimento traseiro deste veículo e ajude nossa companheira Maria em sua árdua tarefa de tratar nosso irmão resgatado.

Agradecendo com um sorriso, eu me levanto meio desajeitado pelo desequilíbrio que a velocidade de nosso veículo toma e obedeço ao meu amigo.

16

O Retorno

Adentro na parte de trás do nosso veículo, e o tilintar das garrafas ainda se faz de forma que incomodaria até os mortos; observo Maria segurando meu amigo pela cabeça acariciando seus cabelos; assim que ela percebe minha chegada, com o sorriso de sempre dirige a palavra a mim:

– Nobre General, ainda está confuso com os últimos fatos nessa nossa aventura, mas se acalme, pois aos poucos seu entendimento se fará, agora nosso amigo é nossa prioridade, assim me ajude a arrumar seu corpo de forma mais confortável e siga minhas instruções, pois nossa viagem será longa e temos de tomar as primeiras providências para a recuperação de nosso amigo, pois senão será um pouco tarde para a sua recuperação.

Obedeço à minha amiga e coloco o corpo de meu companheiro de forma mais reta, deixando sua cabeça mais elevada com o auxílio de uma pequena almofada que se encontrava debaixo das estantes de nosso carroção, o tilintar ainda teima em continuar e a velocidade de nosso veículo é impressionante, pois nunca tinha sentido tal emoção. Dirijo meu olhar a Maria, que de forma séria posta as palmas de suas mãos no peito de nosso amigo e uma luz azulada emana daí em direção ao tronco de nosso paciente. Fico perplexo com essa cena, mas minha amiga Maria, observando meu espanto, se dirige a mim:

– Acalme-se, General, estou tentando harmonizar nosso amigo para que quando cheguemos ele esteja mais equilibrado, e quem sabe com a consciência recuperada; ajude-me com esse trabalho, nobre General. Coloque suas mãos a uma pequena distância da cabeça de nosso amigo e pense que suas palmas emanam a força da natureza de seu ser, pense no mar, no poder purificante das águas, que o resto se fará de forma natural, pois apesar de tudo é um espírito bom e nobre, e essa sua fase de desequilíbrio é passageira. Assim, daqui a um curto período sua nobreza irá se sobressair e tudo ficará de mais fácil compreensão.

Após escutar minha amiga, somente respondo a suas colocações com um sorriso e lhe obedeço prontamente; por instinto coloco minhas mãos perto da cabeça do meu amigo e fecho os olhos retirando de minhas lembranças a imagem de um lindo mar calmo, chego a escutar o barulho do fluxo e refluxo da maré, sinto o cheiro da maresia adentrar em meu corpo. Essa sensação me alegra, neste momento sinto as palmas de minhas mãos esfriarem e como se algo escorresse delas, abro os olhos. Para meu espanto, vejo uma luz azul-clara sair de minhas mãos e iluminar a cabeça de meu amigo, observo essa cena com espanto e olho para Maria que, com o sorriso de sempre, fala-me sobre o fato:

– General, observe o que está fazendo, como já percebeu você está emanando o fluxo vital do ponto de força do mar para o corpo de nosso amigo; por meio da força de sua mente, esse fluxo irá equilibrá-lo até chegarmos ao nosso destino. Alegre-se, General, pois neste momento você está em conexão com a natureza e nada é impossível para os atos compartilhados com ela. Você faz parte do todo, e o todo contempla as forças da natureza que reagem ao mental de quem se entrega a ela de forma natural, agora a força do mar reage ao seu espírito e esse fluxo energético faz com que a força realizadora de geração do mar congregue neste ambiente, além disso, tudo que necessite ser esgotado em nosso amigo, com a força das águas marinhas, será migrado ao ponto de força natural do mar. Parabéns, General, pelo seu empenho e dedicação!

Sem entender direito o ocorrido, sinto uma satisfação em todo meu ser, o simples fato de estar ajudando meu amigo faz com que eu me equilibre emocionalmente, neste momento uma luz inunda todo nosso carroção, lágrimas de alegria rolam sobre minha face, e escuto ao longe o som da risada de satisfação do Senhor dos Caminhos em sinal de aprovação. Não ouço mais o tilintar das garrafas nem o som das rodas de nosso veículo no caminho, sinto como se estivesse em sono profundo descansando num aposento aconchegante, esse fato faz com que meus pensamentos me levem à lembrança de minha amada que há muito deixei, tento organizar meus pensamentos e indagar há quanto tempo será que fiz minha passagem, e se minha amada já fez a dela e onde ela se encontra. Rogo a Jesus que ela não esteja neste nível da criação, pois alma tão nobre deve aproveitar as belezas e a tranquilidade dos elísios. Neste momento sinto uma mão pesada tocar meu ombro direito, automaticamente abro meus olhos e a figura do Senhor dos Caminhos me faz voltar à realidade, abaixo minha cabeça em sinal de respeito e escuto as palavras de meu amigo:

– General, está de parabéns pelo trabalho que está fazendo com nosso paciente, assim rendo meu respeito a sua pessoa – levanto minha cabeça e observo os olhos de meu amigo que continua: – General, chegamos ao nosso destino, ajude-me a carregar seu amigo.

Recobro minha consciência e obedeço rapidamente ao Senhor dos Caminhos. Segurando a parte do tronco de meu amigo começo, com todo cuidado, a retirá-lo do veículo, e descendo as escadas da parte de trás sinto uma chuva fina que teima em bater em minhas costas, um vento cortante me deixa incomodado, procuro minha amiga Maria para tentar me apontar a direção, para onde devo caminhar com minha nobre carga, assim a vejo na porta de uma edificação de paredes claras e uma pequena porta de madeira se abre; uma mulher com vestes claras faz um sinal com as mãos para que caminhemos em direção a ela, eu e o Senhor dos Caminhos lhe obedecemos sem nenhum tipo de questionamento. Ao passar por ela sinto uma calma que há muito não sentia e ao fundo escuto sua voz se direcionando a nós:

– Entrem rápido, meus irmãos, estávamos esperando-os.

17

A Cura

Ao entrar naquele prédio me sinto mais confuso ainda, pois ali nada existia a não ser um tubo de luz clara que cobria do teto ao chão e a figura daquela mulher, que começo a observar, pois sua beleza é indescritível, suas vestes alvas como a neve dos picos dos Carpatios destacam-se neste ambiente agressivo, seus cabelos claros e olhos azuis fazem com que, novamente, eu me lembre de minha amada, observo o Senhor dos Caminhos e minha amiga Maria que, cabisbaixa, dirige a palavra àquele angelical ser:

– Senhora dos Cristais, poderosa Rainha da Luz, respeitosamente trouxemos este irmão que necessita de seu auxílio, pois como já é de seu conhecimento nossa empreitada demorou mais do que o planejado, e esperamos que esse tempo não corrompa a recuperação de nosso estimado irmão.

Com um sorriso largo, aquele ser angelical responde protamente ao apelo de nossa amiga Maria:

– Amiga Maria, seu empenho foi superior ao esperado, e com certeza nada irá corromper a melhora deste nosso irmão, entendo que o trabalho foi árduo, mas receberá os créditos por essa empreitada, e você, Senhor dos Caminhos, é um bravo guerreiro da Lei e a justa recompensa será repetida a você também. Coloquem o corpo de nosso irmão no foco desta luz que emana dos céus, pois de agora em diante tomarei a rédia desta empreitada.

Mais que depressa eu e o Senhor dos Caminhos obedecemos àquele anjo e novamente me espanto com o que vejo, pois assim que colocamos nosso paciente na base daquela luz seu corpo se desfez e pequenos pedaços foram sugados por aquele tubo de luz até o cume daquele ambiente; sem saber o que fazer observo novamente o anjo que nos recepcionou e espero uma resposta, pois lutamos demais pelo resgate de meu amigo, e agora mais uma vez o perdemos, mas sem que eu emita qualquer som, o anjo se dirige a mim:

– General, não sou um anjo, sou somente uma irmã que está em outra faixa vibratória da Criação, inúmeras são as frequências da natureza, cada uma com um propósito certo em relação à evolução de centenas de milhares de irmãos que necessitam de nosso trabalho. Sou somente uma socorrista e meu trabalho é dar amparo aos que necessitam em nome da Lei Maior; General, seu espírito é nobre e tudo a seu tempo irá ser respondido. Seu amigo será amparado em outra frequência e quando menos o senhor esperar ele estará de volta para sua companhia – neste momento o anjo se vira em direção a nossa amiga Maria: – Maria, a Lei maior necessita de sua presença em outras esferas da Criação, deixe seu alfanje com o Senhor dos Caminhos e se despeça de seus companheiros, pois a frequência de seu ser se faz necessária em outra esfera, pois a Lei precisa agora da energia da Senhora Portadora do Fim, pois se Maria é seu nome coloquial, a Senhora Portadora do Fim é sua frequência matriz, assim me siga, pois essa é a Lei Natural dos fatos.

Neste momento sinto uma tristeza enorme invadir meu ser, pois pelo que entendi iremos nos separar de nossa amiga Maria. Um enorme aperto em meu peito se faz, como poderei viver neste lugar sem o carinho e a alegria de minha amiga?

Vejo então agora Maria entregar o alfanje de fogo ao Senhor dos Caminhos e, em sinal de respeito, os dois se abraçam como se fossem irmãos, vejo as lágrimas correrem no rosto de minha amiga e neste momento ela se vira para mim e me abraça como minha falecida mãe fazia no retorno de minhas empreitadas bélicas; após esse abraço, ela, com o rosto molhado de lágrimas, fala comigo:

– Amado General, fico contente de observar que está bem, e que a cada dia que passa sua mente está mais equilibrada, parto nesse momento com uma dor no peito por deixá-lo, mas contente de saber que serei útil em outra parte da realidade, pois é para isso que evoluímos, somos independentes mas servimos às Leis Naturais, e a natureza está me chamando e prontamente, como sua filha, respondo com felicidade.

Apertando de novo meu corpo contra o seu, minha amiga se despede com um terno beijo em meus lábios, o qual faz com que eu sinta meu rosto enrubescer; de maneira tímida abaixo minha cabeça em sinal de respeito e observo a caminhada de minha amiga até aquele tubo de luz e, da mesma forma que nosso paciente, seu corpo se desfaz e os pequenos pedaços se direcionam ao cume daquela sala. Neste momento tento procurar o Senhor dos Caminhos que, somente com seu olhar, faz com que eu não quebre o silêncio daquele ambiente, e assim mais uma vez aquele anjo proclama:

– Senhores, agradeço o empenho de todos e a compreensão de que a natureza agora pode parecer desconfortável, mas é necessária a todos, pois tudo é uma grande malha energética e a natureza a grande força que orquestra tudo, e faz com que cada coisa esteja em seu lugar e tudo caminhe em direção à evolução. Assim peço ao Senhor dos Caminhos que leve o General até o Portal Mestre da Matriz Feminina da Evolução, pois é o momento de o General mudar de frequência, pois essa faixa vibratória não é mais uma ferramenta evolutiva ao seu espírito, e deixar para ele a escolha de que faixa vibratória ele poderia estar ainda não é possível, pois o General ainda não colou nenhum grau de nenhuma frequência, assim me despeço de vocês dois e rogo aos divinos que nosso reencontro não tarda e seja feito na mais pura paz, pois é assim os ditames da Lei Maior.

18

A Hermenêutica

Sigo meu caminho para outros lugares, sou levado e me distancio do meu amigo, outros encontro nesta caminhada, mas minha mente se recolhe na confusão e tenta equilibrar meu raciocínio. Começo a entender que sou eterno, que cada segundo que vivo reflete por minha eternidade, penso que minha caminhada sempre será em meu benefício, e que nada pode me impedir de ser uma pessoa melhor.

Começo a compreender que o Deus que me foi ensinado e que defendi não existe da forma que eu pensava, entendo que Ele não é humano, mas sim o todo, toda a natureza e tudo que habita em todos esses planos é Deus; logo, eu sou Deus.

Entendi que tudo está evoluindo e que somos parte da natureza; logo, somos um único ser que se multiplica dividindo possibilidades. Percebo que se me desloco pelo universo em outras chances de evolução, esta de nada vale se outros vão ficando para trás, pois tudo é um único organismo que denominamos Deus. Aprendi que tenho de respeitar ideias e ideologias de outros, pois cada ser possui sua verdade e evolui perante a natureza apoiando-se nessa verdade; logo, não existem caminhos errados, o que no máximo há é um caminho mais longo.

Sigo desta forma, agradecendo cada instante de minha vida, pois sou grato por estar em constante aprendizado; a relação de amor e carinho, que não me lembrava de haver tido em vida, recebi em meu pós-morte e tento alinhar meus pensamentos para que eu utilize esse sentimento ao meu favor e a tudo que me ronda.

    Outras oportunidades de evolução aparecerão, mas a única certeza que tenho agora é de que estou feliz.